学生社考古学精選

かもしかみち

藤森栄一 著
戸沢充則 解説

雄山閣

目　次

扉写真：諏訪市博物館所蔵

かもしかみち

私の考古学手帳から

深山の奥には
今も野獣たちの歩む人知れぬ路がある。ただひたすらに高きへ高きへとそれは人々の知らぬけわしい路である。私の考古学の仕事はちょうどそうしたかもしかみちにも似ている。

藤森栄一

一　古道雑聚

かもしかみち

私は都会に住むようになって七年ほどになるが、大阪へいっても東京へきても、街の道はにが手である。とくに、駅の出口、丁目や番地にはいつも迷ってしまう。一度だってまちがわずにゆきついたことはない。それのみでなく、一度とおった道でもときどきまちがってしまう。このごろは、もう未知の訪問などには、一丁ごとに人をつかまえてくどくどと道筋をきくのである。

それまで、信濃の山に育って山歩きが得意だった私は、八ガ岳火山群の裏表を縦横に歩きまわって、ほんとうに迷った思い出は、たった二度しかない。

一度は二月、蓼科山《たてしな》からの帰路、日暮れちかく、霧ガ峯の広いアスピーテ式火山（楯状の火山）高地の雪原にかかったとき、主峰車山の肩をトラバースするつもりで、四人縦列ですすんだが、ス

南アルプスのかもしか

昭和40年11月16日，午前11時，駒ガ岳の前岳長谷部新道付近で偶然，雄かもしかに遭遇した非常にめずらしい写真。駒ガ根市役所倉田幸雄氏撮影。

キーのスリップがひどかったので、少し調子をかえたのが運のつき、私たちは右まわりの迷走路におちこんでしまい、とうとう主峰を横断できず、小さな盆地の周辺を明るくなるまで、幾度となくまわってしまった。小さなブッシュが大森林に見えたり、岩石が小屋に見えたり、じつにさんざんな幻影になやまされた。原因は目標物のない長いトラバースに、途中でスキーの位置が狂ったのと、無意識に谷側になった右足への加重である。いわゆるリングワンダリングの現象で、これについては、『山』の二巻七号に藤木九三氏の「リングワンダリング考」という論文がある。

ちょっと怪談めくが、いま一度はさらにものすごいものであった。永いこと南アルプスの主といわれた長作爺さんが、登山期にさきだつ五月ころ、フイと行方不明になった。私たちも大分世話になった老人だったのでさがしにでたが、とうとうわからずにしまった。

私たちが南アの峻峰《しゅんぽう》鋸岳へ登ったのは、それから一月後である。

横岳峠から入って鋸の歯のような幾つかのキレットをザイルで登攀していくうちに、第三キレットの、薄い馬の背に人が寝ていた。頭をこちらに向けて、顔に手拭いをかけ膝を高く折り、手は胸の上に組んでいる。私たちをふるえあがらせて、まず平静さを失わせたのは、それが死骸で、そして長作であったことではない、いったい、長作が一人で、しかもザイルなしで、どうして幾つかのキレットをわたり、ここに死骸を横たえたのであろうか、という不可思議に対する鬼気である。いったい、深い渓谷や山頂でフイと見知らない人にあう、それが私たちと同じ山を旅する人とわかっていても、これくらい不気味なことはない。

私たちは死骸を踏み越えるようにしてそこを通過した。

その夜は駒ガ岳の小屋に泊ったが、おり悪しくピッケルで石を突くようなキーンキーンという怪音が夜どおしして、小屋のグロテスクな爺は、またきやがったとかつぶやき、不気味な祈禱を始める。私たちも本気で、長作の霊魂が私たちの捜査を求めているのだと思いこんでしまったから、夜中睡《ねむ》られない。ふうふうになって、早朝、現場確認のため第三キレットへ引き返した。霧が淡くまいて展望はきかなかった。無茶苦茶に岩場を通って、第三キレットあたりまできてみると、何と、死骸はまだ頭をこちらに向けている、明らかに逆だ、動いたとしか思えない、さあ、驚天して、そのまま追われるように横岳峠へむかって逃げたが、さて薄暗くなっても、横岳のコル（鞍部）らしいところにはつかない。やがて、あるべからざる所に岩小屋らしいものを認めて、走りこんでみたら、なんと、今朝でたはずの駒ガ岳の小屋であった。

私たちは死体死体と注意しつつ、第三キレットを中心に一周まわって、発見したときは、まったく正反対の方向へ歩いていたのだった。

せまい一本道といってもいいほどの山背でもリングワンダリングはおこる。原因は、朝霧とさらにつよい精神的幻惑によるものである。

人間は暗の中では、決して真直には歩けない。必らず、力の不均および個々の癖で右か左へかたよってしまう。その行路が長ければ、やがて円を描いてはてるところをしらない。猟師や木樵《きこり》や山《さん》窩《か》の人々は、原始林の中に数日さまよっても、そうした錯覚を本能的に直感で補うことをしっている。そして、なにかの理由でその感が狂ったとき、自分たちの錯覚を思う前に、天狗や狐狸のしわざと信じてしまう。柳田国男氏の「山の人生」には、山にはいってしまった人々の話が数多く掲げられているが、山人の感の鈍るところには、山霊と死がついてまとうている。彼らはまた、危険に対してきわめて敏感である。遭難などは多くの場合予感する。しかも、それをあえて避け得ないところが、宿命的な山の呼び声というものであろう。

現に、鋸岳で死んだ長作の場合がそれで、彼はその年にはいって、俺はもう山はだめだ遠からず死ぬと、口ぐせに家人に語っていたそうである。

そこで、とうぜん問題となるのは彼の登攀路である。私たちは、いまも鋸へは横岳から尾根を伝うより方法はないと信じている。だが、彼はこれによらず、むしろ私たちには考えられぬ沢をつめていったものと思われる。

だいいち、彼は地図などは持たない。持ったところで、森林や原野や山頂では、陸地測量部の図幅ですら記載されている路はほんのわずかで、山には地図にない路が縦横にある。現に、長作はすぐれた猟人であると同時に、獣たちの路についての権威で、生前私にもそうした山道の話を何度かしてくれた。

彼は「かもしかみち」といっていたが、「しかみち」ともいって、山には、私たちにはその岐点となる小口のわからない、山獣やこれを追う猟人の風のようにわたっていく、おのずから踏みかためられた「みち」がある。

ひねもすでも、太陽の顔を見ない黒生《くろふ》の中、とうてい無事には抜けられない灌木草むらの中も、山に根雪がくれば、私たちのスキーは自由である。幾冬か、私は彼らの路をたどってみた。獣たちはじつに正確に彼ら自身の共有路を歩くものである。兎、テン、キツネ、それから山鳥のトレイル、とくに狐の美しいフオックストロット、危急が彼らに迫っても、めったなことには、それ道を彼らはしない。彼らは籔の中をやたらに通るであろうと考えるのは人間の思案で、彼らには立派な道がある。峠の夜路を自動車でぐうぜんにであった狐を追いかけ、とうとう参らせた話も、彼らのそれ道しない習癖を物語る一つである。

私も数回そうした体験をもっている。信州和田峠をバスで越えた夜であった。下諏訪宿の一つ手前の樋橋の宿はずれで、フト黒い動物がヘッドライトを横ぎった。運転手がまた出やがったとつぶやいたのを、いぶかって尋ねたら、——狸ですよ、奴さんいつもあそこへ出やがるんで、と答えてくれたが、静寂な彼の夜の散歩道に、こうして省営自動車（国バス）が驀《ばく》進するようになっても、不思議と彼のトレイルは変わらない。

それから七年ほど以前、学友杉原荘介君と八ケ岳で大雨に降られ、硫黄岳の鞍部からむちゃくちゃに清里村へ下ったことがあったが、肩を没する熊笹の中で、一条の熊笹の倒れた小径《こみち》を見つけてしゃにむにこれをたどった。熊笹はすっかり露を含んで、いかに濡れ鼡とはいえ、この径以外に熊笹を分けて進む気にはなれなかったのである。やがて、われわれのさきをいく数匹の兎に追いついた。不思議ないい方であるが、事実、彼らは走ろうとも逃げようともしない。こちらが急げば彼らも急ぐ、立ちどまればやはり振りかえってこちらを見ている。われわれも濡れ鼡、彼らもしんからの濡れ兎であったためか、追う気も逃げる気もなく、やがて、萩の花の一杯に咲いた高原まで等間隔のまま行を共にした。

いま一つは猪である。今年一月、南九州旅行で、九州の南端の野間岳へ登った。案内してくれた助役の有馬さんと学務係の泊里さんが、猪の路を見せてあげようというので、こわごわのぞきこんだ潤葉常緑樹の叢林の中の一直線の小径は、いたるところ、樹根は掘られ、岩石は掘り上げられて、いましも飛びだしそうな匂いのすごいものであった。

こうしたことを私が数え上げなくとも、猟師たちは彼らの道はいうにおよばず、彼らの停る個所、水を飲む個所などについても知りつくして、その上に猟網をめぐらすのである。平原や低湿地では狩猟はむずかしいし、彼らの「みち」をしらなくては狩猟はできない。これを歴史的にみても、われわれの祖先たちの「みち」は、同時に彼ら獣たちのいわゆる「かもしかみち」であり、そして、それを求めまた追うための、山頂や溪谷をわたっていくみちであることから発生したに相違ない。したがって、そうしたみちのところどころの舌状台地には、彼ら先住民の仮の営みの跡の残されていくことが考えられる。

私の「むかしのみち」の話の初めに、こうした獣たちの、あまり学術的でない談義をしなくてはならなかった理由はそこにあるのである。

土器《ぼったりい》を搬《きやりや》ぶ人《あ》

春になって私は大変な発見をした。

去年の冬、この板橋の新開地の家に移ってきたのだが、この家の建つ以前は、蓬《よもぎ》や昼顔の花の咲き乱れた原ッパであったのを、某大学病院がその中にボッとできあがったために、大あわてにバスがやってきて、やがてこうした小さな住宅が建ちならんだのである。

私は麦畑の上が真黒くうるんで、陽炎《かげろう》が麦のエメラルドをにじませて流れる頃になると、永いこと忘れていた、山国での春のならわしがよみがえってきて、細長い庭にせっせと菜園をつくった。厚い赤土の置き土を掘り起こし、その下の深い黒土と置きかえて畔《あぜ》をつくったのだ。

ところがつぎの朝になってみると、新しい畑を斜めに切って、みごとに犬と猫の足跡がいくつもとおっている。

その朝はなにげなくそのままならしてジャガ芋を植えたが、どうだろう、つぎの朝、私たちはまた同じ彼らの足跡と、その両側だけところどころに掘り荒された芋畑《いもばたけ》を見た。家の前の路を横切って、檜葉苗《ひばなえ》をまばらに植えた、いいかげんな垣根をくぐって隣りの庭へ消えている。隣りの庭は、足跡の残される状態になかったので、その後はわからなかったが、それがはなはだ癪に、毎日または一日二日おきぐらいに現われるのである。垣根をふさげばそれまでではあるが、私にはどうもわりきれぬものがあるままに、彼らの無軌道を放置していた。

じつは今日、地主の爺《じい》さんがみえて、家内と縁先で話している。

畑のできがどうのこうのというちに、お宅の庭は、以前大学の方へぬける近道がありましてねえと、ふと耳にはさんで、さてはととびだして聞いてみると、ちょうど私の庭を横断する原ッパの中の細道があって、学生がいつもこれをとおって通学していたものだそうだ。

爺さんに実地検証させると、何と、彼らのまことに無道な散歩道と思ったのは、失われてしまって久しくない、彼らの公道であったのだ。それから三年、彼らはいまもなお忘れず捨てず、無道な人間どもの仕草についいえさった、彼らだけの道をとおり、たまたま、私に小さな歎きを与えたのだった。先ころまで便宜にここをとおっていた学生たちが、新しくできた四角な道に、はじめは大そうに不便を感じつつも、やがて、わけもなく忘れ果ててしまったであろうように、私たち祖先の、食住への道であり、生命線でありながら、もはや、その子孫たちから完全に忘れさられようとしている道々は数かぎりないのであろう。

まるいが多くは尖《とが》った底の鉢形土器の一群が、もっとも古い日本の土器ではないかと注意されてきたのは、つい最近のことである。これには穀粒を並べたような紋様《もんよう》、網の圧痕文《あっこんもん》、ジグザグ文、または撚糸を押したような、いろいろの紋様がほどこされているが、いずれもいろいろに施工された円棒をころがして、土器面を整調した結果であろうと思われる点一致し、押型文《おしがたもん》土器または撚糸《よりいと》文《もん》土器などとよばれている。もちろん、こうした施紋上の特徴は後にも移行するものと思われ、たとえば九州の一部においてのように、ただちに古いものとは断定できないけれども、尖底鉢《せんていばち》の形態と結合した様相においては、古いと信じることができそうである。

この種の尖底鉢にはまた、貝殻の腹縁でひっ搔いた条痕文を主要素とした種類がある。前の呼称にのっとるなら条痕文土器ともいうべきで、尖底鉢の古式土器は、必ずしも一系統とは思われない。新進学究のうちには、これを日本古代の南と北との二系統の素体として論じているようだ。いずれにしても、尖底鉢を代表とする文化は、ほとんど日本全土に分布しながら、その遺跡はきわめて小規模で、大遺跡と称すべきものははなはだまれである。遺物よりみても、彼らの文化内容は、ひどくとぼしいものである。利器はわずかに鏃《やじり》のほか、原石からたたき剝いだ貝殻のような刃器や、自然礫《れき》を打ち欠いたか、または、部分的に刃を磨いた礫器《れっき》などが原始的な石器として残されているのみである。

農耕民でないことはいうにおよばず狩猟民としても、とくにその生活は拾集経済による、原始階程を脱せなかったものと信じられる。彼らのこの列島に現われた年代については、これをぐっとさかのぼって地質時代にあて、洞窟をさぐり、遠く海底に葬《ほうむ》られた陸橋にその足跡を求める人々もあって、その方面における研究は、近き将来大いなる飛躍をみるであろうと私も信じるが、いまはその国内における足跡をのみたずねるほかはない。

九州はしばらくすえおいて、瀬戸内海では讃岐《さぬき》の小蔦《こつた》島、備前の黒島、紀伊半島では田辺湾の高山寺、伊勢湾では尾張の天白川口の粕畑、伊豆半島では数多いが一例をあげれば、伊東海岸の上の坊、三浦半島の同じく田戸・三戸など諸遺跡のように、彼らの足跡は太平洋岸のとぼしい島嶼《とうしよ》の上を、ひめやかにたどっている。

しかし、これはかならずしも彼らが海からの漂民と考えて解決される問題ではない。なぜなら、それと様式上さほどの時間的なへだたりのあろうとは思われない遺跡が、陸の孤島にも点々と残されているからである。

それはたとえば、美濃路からの木曾川と美濃川の分岐点にある太田町古井、飛騨《ひだ》高山のひじ山、飛騨から信濃へぬける日本アルプスの峻峰乗鞍岳《のりくらだけ》コルを越える嶮路「木曾殿乗越」の海抜二〇〇〇米《メートル》の峠の近くにもあり、さらに日本島の屋根信濃では、木曾川渓谷の所々、天龍上流の河成段丘の所所、スキーで名のある菅平《すがだいら》、霧ガ峰、蓼科《たてしな》山などの高原、諏訪湖盆地では、そこから方々へ越えていく勝弦、後山、金沢、杖突《つえつき》などの、いくつかの峠にもそうした遺跡が少なくないのである。

日本海寄りでは、千曲川の水源から甲斐にぬける野辺山原、野尻湖中の一孤島弁天島、魚沼川上流の越後芋坂《いもざか》などもそれである。さらに、東北地方においても、このような例の発見は昨今ことにはなはだしく、関東においては、ほとんど枚挙《まいきょ》にいとまずらないであろうとおもわれる。たとえば、ロ伊豆から丘麓地方にかけては、深いカルデラ地帯を刻むいくつかの沢や峠路にのぞんだ小舌状台地の突端にもそうした遺跡がはなはだしい。

これを主として調査した一人江藤千万樹によれば、「ぼくらは最古の日本住民と同じ心になって跋渉《ばっしょう》した。そして、ぼくらがここならと好んだ舌状台地端に、きっと多少はあれ彼らの足跡を見出した」というのである。

同様な、彼らの文化にたいする深い理解のもとに行われた、足跡追求の仕事が南関東にも行われた。江坂・白崎・芹沢・吉田君などによる業績である。関東の洪積台地にくいこんでいる多くの溺《おぼ》れ谷の、深い入江になった支谷の泥床にのぞんで、ここにもまた、数多い彼らの足跡が指摘されているのである。

この場合、江坂君などによって重要なことが注意されている。というのは、その遺跡においては、遺物が多くローム層中にまで、そうとう入りこんでいることで、これは私も浦宏氏などと紀伊高山寺貝塚で体験したことであるが、彼らの生活の開始されたのは関東ローム層堆成《たいせい》直後、さほど遠くない年代のことであろうとする考察を、可能にさせるのだ。それと、遺物の語るところ前述のように、彼らの生活は、食物拾集による原始経済民であることを前提として、西日本においては、もっぱら貝類を捕食したものとおもわれ、幾多の貝塚堆積例があるが、この縄文式前期以降、日本第一の貝塚地区であった南関東では、不思議と、その初期に属する貝塚の実例が知られていない。

現在、多くの支谷は豊かな耕地と化しているが、少くも縄文文化の前期以降はハイガイ類、その他の生息しうる深い泥床性の入江であり、やがてその末期にいたっては、蜆《しじみ》その他の生息《せいそく》しうる淡水のそそいだ干潟であったこともあろうし、さらに最古の住民の頃には溺れ谷はけわしく深く、おそらく貝類の生息は少ないか、またはその採集の不可能だった状態も考えられるというものである。

その文字通り、蒼桑の変には、彼らの生存を、明らかに一つさかのぼった地質時代に近く、考えさせるものがあろうではないか。

さてそこで、尖底鉢を持った人々の来歴であるが、かの海辺の足跡のみをたどって、海よりの漂流民とすることは、硬玉が南支那特産であるゆえに、これをもつわが先史民の南支那とのみの直接交通を考えることと同様に、われわれの早計である。だいいち、彼らの過去にはさらにとぼしい遺物しか残さず、いまだに発見されない、永い生活がなかったとは断定できないであろうが、それに、そうした文化階程の人々にクロスチャンネル級の船舶を想像することが、すでに無理であろうし、丸木

はじめての完型尖底土器

紀伊高山寺貝塚から発掘したもの。
京都大学で小林さんが復原した。

舟でも海が渡れるということは、可能ということであって、民族や文化の移動したことは考えられないのである。

このように、山頂のところどころに残された足跡の数々が、日本島のうちにあって生いたった、このとぼしいながら独自の文化のながい期間を教えている。事実、彼らが尖底鉢を持つにいたってからでも、関東ローム層堆成の末期より、黒土層の堆積にまでおよんでいるのである。

紀伊高山寺貝塚においては、基盤の粘土層中より貝層上にいたるまで、層位の上下、すなわち、ながい時間の経過を無視するように、彼らの文化にはなはだしい変化がみられなかった。それのみか、九州においては、尖底鉢につかわれた特有の施紋である押型文を、縄文土器の終りころまでも残していると信じられるふしもある。熊本県下益城郡隈庄町東阿高の御領貝塚で、その後期御領式貝層の中から、杉原君が押型文土器片を抜きとったといっているのも、その一つである。

そうした場合のながい保守性は、同時に、彼らの文化的な孤独さを意味する。それは古く彼らが文化的孤島における第一次の居住者たちであったことと、ついで、のちにいたっても、他の縄文文化の人々と生活様式を異にしたからであろうか、彼らは計画的な経済生活民ではなかったために、後出する他文化との交渉も少なくて、時間的にも文化純粋性を保ちえたのである。

それなら地域的に東から西まで、この細長く寝そべった列島にあって、彼らの文化の地域的に純粋単一な分布圏の拡大はなぜであろうか。これこそは彼らの生活が、すなわち道であったからであるといったらわかってくれるだろう。

土器の紋様からいえば、かならずしも彼らの文化は単一ではない。たとえば、伊豆上の坊の遺跡のように、同一尖底鉢の文化でありながら、東西に交流するいろいろの紋様の土器の要素が、わずか二、三尺の層位のなかに混然と埋もれているのは、流れていく彼らの文化の、漂泊の泊として選ばれた一つの地点としか考えられないだろう。

土器の可搬性と定着性については故森本先生が生前力説されたが、平たい底の土器に比するなら、尖底の土器は、これに紐《ひも》をかけて運搬する場合、比較にならないほど堅牢であり、便利でもある。彼らの生活が拾集によるため漂泊を余儀なくする以上、すべての文物はこれに左右されることはいうまでもないだろう。

尖底は同時に提《さ》げるにも、また適宜に砂中に安定するにも、樹間に垂下《すいか》するにも便利であろうし、その粗い単純な施紋はそのための滑り止めとも考えられないことはあるまい。一形式の土器が遠く播布《はんぷ》されると同時に、いろいろの形式の土器は、その泊り泊りにおいて時間的にいれかわって交流したのだろう。その点、その泊たる遺跡は小さく、しかも点々と連なり、それはそのまま彼らの漂泊の道でもある。

この「何でも啖《くら》う人々」は同時に「土器を搬《はこ》ぶ人々」であり、また国土はおさなくして、水沢はひろく処女林は深く、彼らのために残された可能なる漂泊路は内海の島々や、深い原始林の縁の海辺丘陵端であり、また深林と山頂との間に横たわるわずかな草原、峠、谷頭にすぎなかったのである。平野や、深林地帯が、彼らと間近いものになるのは、さらに彼らがいくどか原始の衣をぬぎすてて、これと闘いうるにいたった後のことである。

とまれ「土器を搬ぶ人々」の道は、われわれの生活からは遙かに遠い、ちょうど獣たちの通りつづけた「かもしかみち」の継承であり、またこれを追うための道でもあった。

やがてそれも上下にはりめぐらされて、道は住居を連絡するものとなるであろうが、われわれの知りうる最古の道は、このように獣たちのそれにひとしく、道は住居であり、同時に住居は道路であったのである。

TRAVERSE

みちは縦横にある。別れては合し、もつれてはからみあい、人の棲《すみか》のところのかぎりの地の果てまで、網の目のようにはりめぐらされている。そして、人々と文物は、そのうえを時間にのって無限に流れていく。そうした久しいわれわれの祖先の頃から流れ去って、いまはむなしいあらゆる文物、これをおもうと、その幻想のあやしさはただ狂わんばかりである。

石で敷かれたローマの古道でないかぎり、みちはいつも文物の流れる経路であって、残された地上の一線ではない。古いみち、新しいみち、こうしてみちは、一度きりでただちに死滅するものと、そのまま未来の人々の必要のなかに継承されて久遠に生きてゆくものとがある。そうした場合、いかなる執拗な考古学者の鍬も、それをふたたび実体として具現されることは、多くの場合不可能なはずだ。

バスに乗って、八幡の藪知らずのようなことを考えていると、前の吊皮にぶらさがった二人の大学生が、これまたひどく幻想的な会話をしている。要約すると、いろいろな新しい体験にぶつかるとき、ふと、現在していることとまったく同じことを、前にも確かにしていたことがあるような気がするというのであって、一人は第六感だなんて簡単にやっつけていたが、一人はどうしても過去に、自分の今の生活とまったく同じ前世があったのではなかろうかと、大変なことを力説しているのである。その学生の提出した証拠というのが非常におもしろい。

「今と同じようにね、確かにぼくは以前にも新聞配達をしたことがあると思うんだよ。実際は苦学なんて生まれて初めてなんだがね」

　彼は自分の話に苦笑している。

「ぜんぜんぼくの知らない新しいところへ募集にいったときにね。ふと、ああこの道はたしかに一度、新聞を持って歩いたことがあると思うんだよ、それもね、とても前なんだ、だのにぼくはぜんぜんいまと同じ恰好をしていたんだ」

「この道はいつかきたみちかね」

と一人が茶化すのである。

　この話にだれかピンときて、久しいことの不思議をおもいきりぶちまけて、応援してくれる人はないだろうか。じつは、私もたえずそうしたことの体験者で、このはなしにはひどく電撃されたものである。

　みちがすなわち住居であり、住居は同時に道であった日本最古の人々のことは、前章の「土器を搬ぶ人」で書いたが、一言おぎなえば、彼らのみちは、ある約束の下につくられた一条の土地の連りではなくて、彼らが久しい祖先よりうけついだ体験が、まったく新しいできごとの時に応じて、前世からの宿命的な本能の実感ともなってこれを導き、可能な範囲内において放浪していく経路なのである。

やがて、生活の道は、ところどころにたまりを形成し、そのたまりは、ついで住居となり集落となって、多少はあれ生活の安定をみるにいたり、みちは初めて固定して集落間をつなぎ、泉へあるいは猟場へと、みずからのうちに踏みかためられてゆくのである。それはあたかも、日本においては縄文式文化の一応確立する前・中期においてのことであるとおもわれる。

例を中期縄文式文化にとってみると、フォッサ・マグナ（糸魚川・静岡構造線）の地溝にそった蓼科山・八ガ岳・茅ガ岳の南信濃から甲斐、武蔵にかけての長い広大な山麓の、海抜八〇〇から一〇〇〇《メートル》の間の帯の中には、全国的にまれにみる石器時代の大集落が、横たわっている。これらは標高を同じくするばかりでなく、背後に森林帯を負って草原にむかい、左右にはこの裾野《すその》を縦に区切る渓流、コンセクエント・リバー（縦断川）をひかえて、それぞれ独立した台地端を占めている点でも同一である。文化的にも多くは中期縄文文化に属するとともに、出土遺物、竪穴および炉址の形式はいずれもひとしく、その密接な関連は否定することができない。したがって、集落相互間にはそれらをつないで、渓流の泉を中継点とするながいみちの横たわることが考えられる。

山歩きをする人々は、こうした歩き方ないしみちをトラバースという。トラバースは正確には、山腹のZ字形の登攀《とはん》であるが、一般の場合、適当な訳語がない。横断、跋渉《ばっしょう》ともに熟さない恨《うらみ》がある。とまれ、こうした歩き方、すなわち、みちが、彼らのもっとも特徴あるみちである。

それはただ、この地方だけではない。そのトラバースははるかに延長している。

同様な環境と高さの帯において、まず静岡、糸魚川断層線をつたって日本を横断している。同様にこれは、天龍川や桂川の河成段丘、木曾川や千曲川にもみられ、一方、甲斐から武蔵の多摩上流におよび、あるいは越後、越中の海岸においても同様なトラバースが行われ、同様な条件においては、飛驒においても、また磐城や岩代においてもこれがみられる。山野を跋渉するのに、まずもっとも容易な歩き方は同じ標高をたどることであろう。しかも、この文化の第二階程においては、森林帯と草原帯との間の帯にこれが慣用され、それは同時に狩猟採拾集生活のもっとも好ましい拠点であり、みちは集落を育て、集落はみちをつくり、かくして日本の道の第二期の方向がいろいろな制約をうけながらも発展していくのである。

この単純な法則が全国的に破れて、横の流れに交わる縦の流れの加わるとき、これは、一つは遥かに高きを越えて彼方へと、はじめて意識されて個性づけられた峠となり、一つはいままで茫漠《ぼうばく》としてとらえがたかった平野への道ともなるので、それはわれわれの間で、末期縄文文化と唱えられる時期におこる事がらと思われるのである。

（昭和一七・一二・一）

二　山と先住民とその子たち

山頂放浪者

四年ほど前の六月、八ガ岳を縦走して、その最南峯の編笠岳をくだるときであった。偃松《はいまつ》が終ってわずかに喬木帯《きょうぼく》にかかった標高約二四〇〇米《メートル》の地点で、やや地衣《ちい》類がくずれかかった個所から、一個の黒曜石製の鏃《やじり》をひろった。

これは当時の私たちにはまったく想像すらできなかった事実で、その石鏃を、この高いところまで持ってきた、おそらくは大きなエポックに価したであろう彼らの冒険と努力とにたいし、驚歎と尊敬とを惜まなかったものであった。この記録はその後今日にいたるまで、じつに私の知りえた最高の彼らの足跡である。おそらくは神秘な、一種信仰的な威圧をもって彼らの頭上にそびえていたであろう峻峯へ、鬱蒼《うっそう》たる原始林を、金属器を持たなかった彼らが、わずかに石でつくった貧弱な

龍川水系の別れるところ
山，霧ガ峰高原，左は北アルプス，諏訪湖がみえる。

利器のみで切開いて、この高処に達したのである。その驚くべき忍耐と努力とは、当然、登山史の第一頁にあがなわれてしかるべきものに違いない。

同じく八ガ岳火山群の最北峰蓼科山、この山も火山の型式が一見コニーデ型（円錐状の型）にちかく森林帯が発達し、鳥獣の棲息も多いであろうとおもわれる点、前の編笠に類しているが、その後、ここでも天狗露路を頂上ちかくのぼった二二〇〇メートルぐらいの地点で、彼らの黒曜石製の鏃を採集したことがある。当時におけるこうした忍苦の登高はなにを意味するものか。おそらくは今日の私たちの山行とは大いに異なり、生活の上のやむにやまれぬ衝動より起ったものと考えなければならない。

日本石器時代文化の大部分は縄文式土器と呼ばれる一群の土器によって代表されるもので、普通縄文式文化といわれている。そのなかでもとくに古い一群は、――関

日本の屋根，千曲川と天
右から，南八ガ岳の編笠ほか，中央は北八ガ岳蓼科

東では、前期、田戸式・三戸式など条痕文系の土器、それから繊維を含む蓮田式、諸磯式、十三菩提式などの土器文化と、それらに関連する関西の諸型式を代表とする文化である。とくに興味ぶかいのは、諸磯式土器と、関東の十三菩提式に並行する踊場式土器、およびその土器群に伴う特殊な捺型《おしがた》文土器の、はなはだしい高地性の在り方で、遺跡は、ほとんど山頂や台地端に限られていることである。

とにかく、そうした古い非常に古い、あるいは日本群島に人類の足跡を拡げた最初のものに近いかも知れない彼らこそ、とくに求めて高原を放浪し、山頂をわたった民族にほかならない。彼らは定期的な農業なる生産手段についてはなんの知るところもなかった。計画的な牧畜も同様で、食物の貯蔵も行われず、狩猟、野生植物の果実等をあつめる程度のまったくの拾集経済が、生活をささえていたものに違いない。彼らは野獣や野鳥の移動する場合はまずなにをおいてもそれを追わなければならなかった。また蓄えのなかった彼らはその季節によっても、ある程度、絶えざる移動を余儀なくしなければならなかった。小規模な集落はその成員の増大につれて、ただちに分離作用を行わざるをえなかったのも、そのためであったであろう。その意味でも、新しい猟場の開拓にはきわめて真剣な努力が払われ、高原も山頂もその進むところ、まず第一の目標として鳥獣の群棲があったに違いない。

も一つ重大な事実は、そのきわめて小規模な集落の移動も猟場の移動も他の集落との交渉も、ほとんど高原、山頂にかぎられているらしいということだ。とにかく遠古の先住民が日本群島に広まった当初、日本の大部分は人類の容易にはいりにくい千古の大森林であり、とくに中部日本の高地では、高原・山頂の草地や不毛の地のみが人類の安易な交通路であったものとおもわれる。

私は諏訪地方のはなはだしくかけ離れて高地点に分布する土器群が、平地のものとやや異った特殊相を示しているのに注意し、都合上、踊場式土器群とよんだ。木曾川の水源、八森山の鞍部にちかい西筑摩郡木祖村井出之頭（一二八〇メートル）、伊那と諏訪との境の赤石山脈の奥深い東筑摩郡勝弦十五社平（九四〇メートル）、諏訪では湖南村後山ヤナバ（一二五〇メートル）、中洲村神宮寺武居畑（八六〇メートル）、金沢村ケツヨリ（八六〇メートル）、などの踊場式および直前の小遺跡はいずれも、木曾および諏訪の山々を伊那の谷にぬける一線の古い先住民のトレイルを構成するものである。その諏訪湖の西岸に屹立する山頂にたいする東岸にあるものは、平野村小部沢・間下丸山・横川上ノ原・横道観音・千松坊などの九〇〇メートル級の山腹を通過して、砥川をさかのぼり下諏訪町萩倉瘤沢（一一五〇メートル）から上諏訪町の、蓼ノ海（一二〇〇メートル）、角間新田山ノ神・踊場などの高地にいたるトレイルである。

霧ガ峰高原はいたるところそうした遺跡が多い。あのアスピーテ式の火山のもつ起伏の美しい線と、すばらしい山々の眺望は、彼らを仮のわずかな間にしろ、放浪の旅の休息所として引きとめるに十分であったに違いない。池のクルミ、アシクラ池高層湿原の南側の傾斜面、現在売店の立ち並んでいる付近は彼らの住居跡群である。売店よりヒュッテ霧ガ峰にいたる防火線では、いまも沢山の彼らの土器を発見することができるが、土器面に繊維片を含有するきわめて古式な縄文式土器が多い。石鏃はいたるところに出土するが、やはりこの防火線の上がもっとも多い。グライダー小屋付近からゲエロッ原にかけても土器をふくむ住居跡群がある。強清水付近にもそうした遺跡があり、長尾広也さんによっていろいろな石器が発見された。最高峯車山（一九二五メートル）にも、また北端鷲ガ峰の麓、鎌ガ池（一六二七メートル）付近にも、そのほか霧ガ峰は開墾でもされたらまだまだ幾多の遺跡が発見されるに違いない。

霧ガ峰から湯沢スキートレイルにそい、車山の肩を越して、南にくだれば大門峠（一四四二メートル）の

奥霧ガ峰高原

ここにはいくつかの先住民の遺跡が埋れていて，高原の繁栄のときを思わせる。

頂上にでる。池ノ平（現白樺湖）はその辺一帯の湿原で、白樺、楢《なら》、山毛欅《ぶな》、榛《はしばみ》などの第二次林が美しく、そのモウセンゴケの多い沼地のなかを清い渓流がうねっている。このあたりの沼地も古い縄文式の遺跡が多い。それからこの沼地から坂一つのぼった蓼科の鞍部にちかい南平の高原、それから東へ赤沼平、番所小屋平（一五六四メートル）から、およそ千曲川の谷をながめるまで、点々と最古の先住民の足跡が眠っているのだ。さらに千曲川の上流南牧村を中心に川上村にかけてもそうした遺跡は多く、荒船方面から、北越の山々、南しては秩父の山々の高原や山頂にまで、彼らのトレイルはのびているのではなかろうか。

三年ほど前、菅平《すがだいら》で上組の今井大次郎さんの家に泊った夜、裏の畑からでたというたくさんの古い縄文式土器を、炉辺にならべられておどろいたことがある。その後、東大の八幡さんから、菅平にはそんな古い形式の遺跡が意外にもたくさんあるという事実をお聞きしたりした。この菅平の足跡は浅間を越えて、上越の山々にのびるトレイルとをおもわせるのに十分だし、なお彼らの足跡は苗場山の高地にもおよんでいる。山頂放浪者たち、この日本最古の先住民たちのそうしたトレイルは、ひとり日本中部高原のみではなく、越中、越前の山奥にも、ないしはその国々を流れる諸河川の水源、飛驒でもそうである。さらに遠く九州でも、中央九州山脈のところどころ、筑後から豊後へ、薩摩から肥後へ、大隅から日向への、そうした国境の峠に近いいくつもの盆地の周辺に、または日向延岡から五箇瀬川をさかのぼった高千穂の奥などに、彼らのトレイルがえらんで高い山頂や高原をあるいている例は数かぎりない。このように、中部日本、とくに信濃の高原や山々は、最古の先住民たちとは、はなすことのできない実生活の舞台であり、唯一つの交通路でもあったのである。またそうした意味で山々は古く黎明期の旅行者たちでにぎわったわけなのである。

高原の繁栄

時間的にはながいながい後のことであり、その間には想像もつかない時間のギャップがあったらしいのだけれど、山々の放浪者たちは、その生活の内容が充実してくるにつれて、しだいに裾野《すその》をひらいて、より低い高原や台地へも発展してきた。山をくだって、海岸台地に占居した群は、漁撈民の生活様式を、山麓地帯に占居した群は狩猟民の生活様式を、それぞれ主体として、異った生活分野に、ながい異った生活をはじめた。集団は強力化し集落はふえ、またすばらしい勢で膨張し、石器・土器の製作技術はついにはその極点に達した。けれどまだ彼らには計画的な農業および牧畜なるものは発展しなかった。したがって、この山上の旅行者であった頃から、文化的にはなんら驚異的な飛躍が行われていたわけではない。

いま日本群島における石器時代住民の遺跡は、一万数百個所以上に達しているが、中部山岳地帯、とくに長野県に属する部分では、総数の一割以上の一千数百個所の遺跡が発見されている。その大部分は前にのべた山麓地帯に住んだ狩猟者たちの群の、全国にもまれなすばらしかった発展の跡である。

八ガ岳火山群の広大な裾野の標高一〇〇〇《メートル》から九〇〇《メートル》級の高原は、じつに彼らの生活の最適な根拠地であった。

北の甲斐では茅ガ岳高原における穂坂村宮久保の遺跡、編笠山麓の里原高原小淵沢の遺跡、それから野辺山原、念場ガ原の遺跡などがその中心をなすものである。南信濃にはいっては爼原より北、蓼科高原まで通称山浦地方の高原は、幾条もの縦断河流の浸蝕で、放射線状に縦に区切られたため、同じような形状の長峰がいくつもならんで発達し、その長峰のそれぞれには、じつにたくさんの大遺跡群が散在し、中部日本石器時代文化の一大中心地を形成していたものの感が深い。おそらく高原の原始林や渓谷《けいこく》には、鹿・猪をはじめおびただしい野獣、野鳥、川魚の類が棲息《せいそく》しており、彼らのすばらしい膨張の糧《かて》に供されたであろうことが想像できる。しかもその高原も、その急激な人口の膨張の飽和点に達したあとには、かならずしも安住の地であったかどうかはわからない。おそらく年々不足がちな食糧の補給には、まだ懸命に山々をもかけまわらなければならなかったであろう。彼らが狩猟民の領域を脱しえなかった以上、高原のみに占居して、山を忘れることはできないのが宿命であった。山は彼らの生命線であったからだ。

採礦者たち

蓼科山の麓、米沢村の老医師で、なくなった田実文朗さんはこの地方で最大の石器時代遺物の蒐集家であった。物故されるわずか前、私は田実さんの三十年前の貴い研究をお話ねがい、詳細に書きとめたものだった。そして八ガ岳蓼科山麓高原の先住民の生活の跫音《あしおと》の余韻があまりにも生々しいのに、ロマンチックな彼らの夢なども想像してみたりした。

開墾期の高原の遺跡からは、土壌の色のかわるほどに土器が掘りだされたもので、農夫は土半分土器半分といって、その耕地に不適当なことを歎いたものである。一枚の畑から少くも十個や二十個の完形な土器がかならず出土した。農夫はこれを「菅狐《クダギツネ》」の巣と称して、狐に憑《つ》かれることをおそれ、畑の一隅にだし、礫で打ちこわすのが常であった。そうしてできた土器塚はどこの開墾地にも大きな山を築いていたものだったという。

発掘品は土器のみではなく、土製の人形、石の斧、石のナイフ、火切石、砥石などその量は莫大なものであった。なかでも石鏃の量は、莫大なもので驚くほかはなかった。田実さんの古い日記には、雨後の開墾地で一時間に、破損したものをのぞき三百六十余個をえたとみえていた。農夫たちが石鏃を天道様の鼻糞といい、空から降るものだと真面目に信じていたのも、おそらく雨後の開墾地を想像したら、無理のないことと信ずることができるに違いない。氏の陳列室では石鏃は陳列しきれずに、特殊な形態をそなえたもの以外は、全部蜜柑《みかん》箱に一杯につめてじつに七箱ある。七箱の蜜柑箱にぎっしりつめた石鏃を想像してみていただきたい。私はその数量を暇にまかせて、数えて見たら、破損や未完品をのぞきなんと五万二千六百五十二個あった。

彼らの文化はその土器の様式から縄文式文化とよばれているが、生活の様式からは一種の狩猟文化に相違なく、またそれを実際に遺物の上で調べたら、石鏃の文化と称しても差支えないものであろう。

表はその田実氏の石鏃について石質の分類をしたものである。なかには判別のむづかしい不明瞭なものもあり、絶対的な正確さを期待するのは無理なことだが、黒曜石にたいする他の石質の場合は、黒曜石が特異なものであるだけに正確である。結果は絶対的に黒曜石が多く、全部の九八・五パーセントの五万一千八百四十七個、その他の石質は不明のものもくわえて、わずかに一・五パーセントの八百五個にすぎない。

つぎに私どもは彼らの鏃の原料としてもっとも需要が多かった黒曜石について、できるだけの追求を試みなくてはならない。黒曜石 Obsidian は火山噴出岩となるべき岩漿が、急に冷却凝固して生ずるもので、硝子質の、緻密で貝殻状の断口を呈する。いままで北道海十勝地方が有名な産地で十勝石と称されていた。十勝のものは漆黒色で不透明であるが、石鏃として八ガ岳山麓から発見せられるものは玻璃《はり》のように透明で淡黒色、淡黒褐色を普通とする。黒曜石は量の多少はあれ、火山のあった地方なら日本中あちこちにあるにちがいないが、中部日本で、こうした黒曜石の有名な原産地は、諏訪郡下諏訪町地籍和田峠ホシガトウおよび星糞峠のほか、あまり知られていない。この山塊を中心に付近一帯が黒曜石の濃厚なる分布地である。

黒曜石	51,847
古銅安山石	67
ピッチストーン	28
アジノール板岩	19
粘板岩	10
硬砂岩	105
硅岩	363
角岩	44
水晶	3
不明	186
計	52,672

北山浦地方採集石鏃石質

（田実氏蔵品による）

砥川をさかのぼった彼らの一人が偶然黒曜石の一塊をひろった。この石の打裂の容易さ、しかもそのすばらしい貝殻状断口の鋭さは、まさに彼らを驚喜させるに十分であっ

ホシガトウ

全山黒曜石の露頭からなっている。ここに縄文人が採礦した跡も40個所以上知られている。

たにちがいない。彼らがいかに岩石について敏感であったか。おそらく石器文化に属する民衆の岩石ないし鉱物についての知識は、現代民衆のそれの比ではなかったろう。一個の石器を製作するにも、無意識で川原からひろいあげた礫が用いられたとは思われない。その岩石の適、不適については、深い注意が払われ、手近かに適当の石のえられなかった場合は、はるか遠方の原産地からも、なんらかの方法でとってきたものにちがいない。石にかんするかぎり彼らは真剣であった。

そうした事実は金属文化における私どもの場合と同一である。地球上どんな僻地にても、その陸上と海中とを問わず巻きおこった、あのすさまじいゴールドラッシュの渦。彼らの場合にもその想像がゆるされるのだ。しかも全山黒曜石塊をもっておおわれているこの付近では、採掘の必要はなかった。手あたりしだいに足もとの石塊をかきあつめて持ちかえればそれでたりる。場所によってはその獲得のために、懸命な狂奔も余儀なくされたであろうに、ここでは無尽蔵であった。多くの人々がもっとも関心をしめすところの石器――石鏃の原料をもとめて、この高原に移ってきたものに相違ない。端的にいえば、質と量とにすぐれた諏訪高原黒曜石は、たちまちに、中部日本を風靡《ふうび》してしまったのであろう。石鏃は必要以上に乱造され、山からとった原料小片、粗成品原料とともに、この高原を基点に四方に伝播され、簡単な交易もさかんに行われたものであろう。和田峠を中心とする高原のいくつもの集落はすばらしい勢で膨張し、彼らの足跡は霧ケ峰高原のほとんど全部におよんだ。ほかの地方よりちがった文化も多く搬入されたであろうが、また、この高原の極度に発達した一時期の縄文文化は黒曜石に媒介されて、木曾谷を、天龍川を、千曲川を、姫川を、富士川を低地へ低地へと、浸透したらしい形跡も、遺物の上に証することができる。鳥居博士は諏訪の黒曜石の分布想定圏を、北は日本海から南は太平洋までひろげられ、その圏界内の国名は甲斐、武蔵、相模、常陸、下野、上野、岩代、越後、佐渡、越中、飛驒、美濃、加賀、越前、三河、駿河、伊豆の十九ヵ国にも及んでいる。

彼らは山にのぼり高原にわけいった。狩猟民としてはちがった意味での生命線の確保のために。そしてこの高原の黒曜石が中部日本の市場を完全に牛耳ったと同様に、一時は文化の上からも経済の上からも、中部日本石器時代住民の王座を保ったものであろう。こうした高原に咲いた彼ら独特の文化の華は想像以上にながいものであった。

忘却の山々

高原の猟人たちの文化の繁栄がいかにながかったにしろ、そのやまが見えてしまってのちは、狩猟生活を脱しない以上、致命的なおそろしい衰運が待っていた。かぎりなく膨張する集落にたいする食糧の問題は、彼らに絶えず大きな焦燥を感じせしめたにちがいない。

その頃である。時間的にはかならずしも猟人たちの文化より新しいものではないが、北九州に比較的古い姿を持ったいま一つの文化——弥生式文化が抬頭してきた。弥生式文化は大陸の青銅器文化の直接影響を受け、いくつものすばらしい飛躍——金属器なる新しい要素と、農業とくに水稲耕作を主とする生活形態をともなって登場してきた。原因はその文化の特質、すばらしい伝播力によるものではあろうが、一方には先住民たちの生活がゆきづまりつつあり、そのギャップにはいりこんで、急速度に、低地を、水流を、日本全島およびそれに付属する小さな島々にまで浸透したものらしい。新しい飛躍文化の支持者たちは農業による定住的な集団生活をもつ点で、たちまちのうちに日本群島へ最初の強力なる文化圏と政治体系を確立してしまった。そして現代までの日本民族の生活様式の根底をつくりあげたものにちがいない。おそらくは現日本文化の源流に近いものであろう。新しい民族の生活フョルドは低湿地を中心に展開し、二次的には高地へ向っても、わずかにはいあがっていったものである。そうして高地にいたった彼ら、すなわち原始農業文化民は河畔や湖辺以外の台地高原、とくに山岳にはきわめてわずかな関心しか持たなかったものらしい。たとえば信濃の例にしても、千曲川、天龍川、姫川、犀川などの水辺の低地にはその生活の痕跡が多いが、山岳地帯および高原には彼らの足跡はほとんど発見されないといってもいい。

彼らの遺した器物の一つである弥生式土器には、貯蔵のための形式と煮沸のための形態とが並存し、しかも穀物とは絶対はなすことのできない甑《こしき》なる新形式まで発生するにいたった。この高原地方のように良き狩猟地においてすら、鏃《やじり》の形式の利器ははなはだしく数を減じて、それに反比例して、土をかく形式の石斧、穀物の穂を刈りとる形式の石の庖丁などがひろく拡散している。また、この頃にはたどたどしいものながら原始的な絵画が発生した。銅鐸などにみえる画面には人物や動物や、器物や、家屋がさまざまに活躍しており、なかには狩猟の図も漁獲の図もあるが、同時に農耕収穫の風景であり、水辺に近い低地村落の秋の姿が彷彿とみえるのである。

一度は先住民の文化とともに殷賑《いんしん》をきわめた高原や山々は、しだいにまたもとの静寂にかえっていった。猟人たちがのこしていった足跡は原始的ではあれ、とにかく一つの立派な生活の記録であったが、この大きな静寂のあとに訪れるものはその足跡がいかにはげしいものであっても、それは単なる渡り鳥《ワンダアフオゲル》の泊りにすぎなかった。もちろん、いつの世にもそうとうに多くの例外はあったであろうが。

日本における農業の発生は、質的にいって人類の歴史のちょうど中間あたりにあり、その前後を真二つにわかつところの根本的なエポックメイキングな事件であった。すなわち新しい文化の伴ってきた農業なるものは、主として稲作りで立派な生産であり、いままでのような不安定な狩猟経済にのみ生活の大部分をゆだねる必要がなかったのである。暖国生活の様式をそのまま踏襲した習慣と、農業生活からも、衣類としての毛皮の価値はあまり重視されなくなった。つぎにわずかながらも金属器の出現は石器の製作技術にも革命的な刺戟をあたえ、獣類の骨や角でつくった細かい利器の必要を認めなくなったのも、些細《ささい》ながら山歩きがなくなり、細い石製の利器の必要がなくなった原因の一つであったろう。

そうした原因から鏃の形式の石器は、はなはだしくその量を減少したことは事実であり、かつては中部日本を風靡したこの高原の黒曜石文化の華は、無人の曠野の夏草の夢と化し、やがてはその夏草の夢も、ホシガトウの黒曜石も、まったく忘れ去られてしまわなければならなかった。

生きのこったカインの子たち

彼ら、あの山々や高原を無心に自由にかけまわった猟人の先住民たち、愛すべき彼らはその後どうしてしまったか、蛇足ではあるが、いますこし彼らのエピローグのために愛惜の眼をそそいでやりたい。彼らの文化は新しい農業をもった大和文化に圧迫もされ、あるいは追放もされたであろうけれど、大体は彼ら自身からも惜しげもなくすてさってしまったものにちがいない。けれども、全日本列島にその跡を断ってしまったわけではない。なかでも強気な、郷愁をもった連中は、新しい文化に迎合することをよろこばず、森林に逃げ、山にかくれ、強硬にも古い生活様式を固守したものであろう。

建国より藤原時代までの生々しい僻地政策の記録は、彼らの文化、彼らの生活形態がしだいに殲《せん》滅《めつ》されていく悲壮な姿にほかならない。原始林の奥の高原、深い溪谷の壁にはばまれた山間、それから、当時の新勢力の容易におよばなかった北方および南方の僻地、そうした奥地の処々は依然としてながく彼らの安住の地であった。中部日本のその後の無人の山々にも、たどたどしいながら、あの猟人たちの末裔《まつえい》の足跡は絶えなかった。この事実は当時の為政者たちにしてみたら、まことに夢見の悪いことであったに相違なく、古伝説・神話にみえる峠神または荒神にたいする奉幣《ほうへい》の風などをみても、山にはいることそのものにも、一種の恐怖を感ぜしめたであろうことは想像にかたくない。

八ガ岳高原の奥にもきわめて生々しい彼らの生活の跡がある。豊平村広見尖石遺跡がそれで、縄文土器文化の編年からいうと勝坂式および加曾利E式といわれる中期の二形式であるが、その形式とすると全国でも有数な大きなものである。尖石ではほとんど芝一重取りのぞけば彼らの生活址がそのまま現われる場合が多い。住居址には炉が切られ、いくつもの土器が正しくならべられ、なかには楢や胡桃《くるみ》がそのまま保存された場合などもあり、彼らの生活したのが、時間的にみても、さほど古い昔のことではないようにも思われる。

やはり、縄文式文化の最末期のものであるが、亀ケ岡式などの遺跡から、かつて鉄製の勾玉が出土したり、製鉄にもちいる器具が発掘されたりしたこともあり、また宋銭等が出土したこともある。それらは奥羽の僻地ですら事実であるが、喜田博士によれば同じく東北のある山村では徳川時代までも、そうした文化に低迷していたらしい資料さえも多々あるとのことである。

その後のこと、つまり彼らがそうした母体文化を忘れはててしまった後を、これ以上追求してゆくことはもはや明らかに私の領分ではない。民俗学畑の人々の鋭い鋤が、各方面から忘れられた山村を根気良く開墾している。柳田氏の「山の人生」以後のながい光輝にみちた研究、喜田博士の諸労作はともに追われて以後の猟人たちの生活をそのままによみがえらせてくれるものだ。

人の世に意をえなかったもの、それから、時の流れに抗しえずついにやぶれた敗残の人々が、後の世にいたっても、さかんに安住の地をもとめて山にかくれたことではあろうけれど、一方には深く人里離れた山村民が多くは平家の落人とか、何某の残党とか自称するような慣例にあって、それらの部落のうちにも、生き残ったカインの子たちは想像以上に多かったものにちがいないと私はおもう。仮にその文化の母体はまったく忘れはててしまったにしても、狩猟や採材や製炭や、とくに編細工《あみざいく》を業とし、山から山をわたる人たち、いわゆる山窩《さんか》なるものが存在するとしたら、第一に彼らはその系統にはいるべき者であることはまぬがれまい。

千曲川の上流、川上村の奥地には、いまでも狩猟と製炭を業とし、一冬ごとに森林を追って移動している人々のあること、それから真夏の幻想のような事実をそこの小学校にいる友人藤森修吉君から聞いた。彼らはまだ農業を知らず、獣肉を主食とし、農産物をうるために、製炭をそれに換えるべく時々風のように村落を訪れるのだそうである。地図にない集落に住む彼らはいずれの部落民でもなく、またもちろん、戸籍面にもない。まれに子供が学齢に達すれば、適宜な近村におり、子を託してそのままふたたび友を追って山に帰ってゆくものもある。そうした寄留戸籍《きりゆうこせき》の学童がこの山奥の村々には多いそうだ。伊那遠山郷のトッギ祭の話、豊稔の感謝を意味したこの祭礼の倉稲魂命なる神様は、旧暦二月に山からくだって田の神――農神となり十月には刈りいれがすんでその祭りとともに、ふたたび山に帰って山の神になる。私が民俗学者でないからであろうか、この長尾宏也さんの話は無限に興味ある大きな暗示のようにおもわれる。かつて山の猟人であった彼らが農業の新しい生活にはいっても、昔なじんだ山の神を農業神として迎えるなど、まったく古い祖先の生活への一つの追憶を意味するものではないだろうか。

北海道、樺太に往古から生活していたアイヌ民族が、この頃のような農業生活を始めたのはわずか二十年前くらいのことである。彼らは稗《ひえ》、粟《あわ》などの農作物をむしろ副業的につくり、主として狩猟を行って生活していた狩猟民族であり、ある意味では日本先住民、とくに彼の猟人たちの末端を如実にみせてくれるものだ。川上の例や、つぎに掲げる秋山の例は、彼らアイヌ人の場合を想像するにたるものとおもう。

昭和初年のころの山の民

上は蓼科池の平，下は甲州黒平。

越後中魚沼郡と信濃下高井郡とにわたる信濃川の一支流、中津川上流の秋山地方は、深い溪谷の壁にはばまれ下流とははなはだしく交通不便である。秋山部落の中心地をなすものは信濃堺村地籍の下穴藤《けっとう》及び上結東《けっとう》で、このケットウなる地名に対しケット——毛人、すなわち先住民にたいする呼称が遺存したものであるという新解釈をくだしたのは、桑名川の老医師渡辺喜平次さんの特記すべき卓見である。

私はこの夏、氏を訪れ、明治二十五年前後の氏の体験をくわしく聞き書きした。水田、稲の農業をまったく知らない彼らの部落民は粟・稗・玉蜀黍《とうもろこし》・そば・山の芋および、貯えられた橡《とち》その他の木の実、それらが獣肉とともに主要なる食料であった。住民はだいたいにおいて猟人であり、熊・カモシカ・兎・猿等を獲って、米との交換のためくだるのが里との唯一の交通であった。それに、狩猟民であった彼らがはじめて猟銃を知ったのはちょうどその頃で、彼らの狩猟は熊から兎にいたるまで、手槍とコウベラによるのみであった。里人をみると逃げ、戸を閉してかくれたもので、里人との縁組はもちろん、その家に宿泊することすら紹介を持ったもの以外ははなはだしく忌みきらった。その頃まだ義務教育さえ行われず、言語は、まったく理解のほかのものであったという。どっちかといえば容貌はひいで、体格も長大、防寒具にはすべて毛皮が用いられ、家屋は小さくてはなはだしく粗末なものであった。なかには床をもたないような家さえあり、中央に炉が切ってあるのみで、数本の丸木の柱をアンペラ（草であんだムシロ）のようなものでかこみ、それに熊笹の茎と土をぬりかためた壁に、簡単な菅をおいた屋根、そんなはなはだしいものもあったとのことである。

十一月末から四月までの積雪期にはいれば、まったく彼らだけの孤独な生活がはじめられ、その間に亡くなった人々は雪中に仮埋葬され、雪どけになって、はじめて医師の死亡診断書やら死亡届やらと騒ぎまわる。冬は彼らの一日も惜しい活躍期であるのだ。その狩猟区はすばらしく広く、上越の山々、戸隠《とがくし》、信越、あるいは遠く秩父赤石の山々までも、一番遠い彼らの先祖のトレイルそのままに、野獣を追って移動したものであった。おそらくその生活はまったく山窩なるものの生活に類していたにちがいない。やむをえずして人里を通過する時は早暁か夜間をえらび、その歩速はすばらしく速かったもので、渡辺さんも幼時、夜間外出をおそれたものだが、数回彼らの通過を目撃したことがあるそうである。タッツケに毛皮の上衣をつけて、手槍とコウベラをかついだおそろしく巨人揃いの一団であったそうだ。

例のように、彼らもまた平家の子孫だと自称しているが、姓は一様に阿部姓であり、里人は東北の蝦夷《えぞ》阿部族の末だともいっている。渡辺さんは彼ら毛人《けっと》の意味に対する真人《まっと》なる者の遺存として、下流の魚沼平原十日町の対岸吉田村真人部落を指摘している。かつては秋山全体が毛人なる呼称を受けたであろうように、里人全体が真人と呼ばれていたものに相違ないだろう。秋山の彼らは「マット狢《むじな》」という俚諺《りげん》をまじめに信じ、マット村には歳をとった大狢《おおむじな》があり、人間の想像もつかないだまし方をするから、マット村へは近づくなといい伝えたものだ。こんな小さな馬鹿げた民間説話でも、じつに大きな事実のエッセンスであったことを忘れてはならない。アイヌにおける和人、あるいはアフリカその他の未開人にたいするヨーロッパ人の場合などでも、およそ未開人との交渉において、悪辣《あくらつ》なだまし方をして巨利をうることは、文明人の特権であったものらしい。他種族にたいしてのみではない、現日本においてすらしかりで、伊那大鹿の神のように善良で朦昧な山民から、わずかな腐れ金で、その生命であり故郷である山々と森林をうばい去り、のち、彼らをして塗炭《とたん》の惨苦《しんく》に呻吟《しんぎん》せしめたのも、おなじ日本人の某大財閥ではなかったか。

おそろしい脱線をしたものである。とにかく毛人と称された善良な彼らが狢と呼んでおそれたのは、私たち先祖日本人に違いないのである。かりに真人にいわせたら、性悪な狢の跳 梁《ちょうりょう》などはきわめてわずかなもので、大体は新しい文化の移殖であり、彼らの生活を少しでも向上せしめようとする政策であったに違いないが、毛人にしたらおそるべき故郷の剝奪《はくだつ》であり、生命への威嚇であるに違いなかった。上代史に見える中央政府の懸命な征夷政策を必要とした蝦夷《えぞ》の暴動も、かならずしも彼らの猖獗《しょうけつ》、すなわち積極的な反抗ばかりとは考えられない。たえざる不安にかられた彼らの盲動にすぎなかったものではなかろうか、素直に母の文化をかなぐり捨てた彼らのうちの大部分のものは問題のほかとしても、荒振神、暴神、不順鬼神等と、まったく強そうな結構な敬称をちょうだいした彼ら、だが時の流れにのろうともせず、なんらのアンビションも持たず、ただ、ひたすらに祖先からの文化と故郷をのみ守ろうと願った彼らが、はたしてそうした大それた暴れん坊であったろうか。

千曲川下流地方で語られている民間説話に一つの面白い型がある。この地方にはいくつも小さな山上池があるが、その池の主が平地の池の主とたたかって負け気味になり、刀を借りにきた話である。多くの場合、主は大蛇で女の姿で登場する。刀を借りてのち、その秘密を約して、戦勝の場合には全村の塩は全部供給するとのことであったが、その後、秘密がもれたため、山の池の主が敗れ、池が欠壊し、その部落は流されてしまったという。部分的にはいろいろな異曲があるが、同一なのは山上と平地の池の主の戦いであり、借りにきたものは伝家の名刀である点だ。渡辺さんの解釈によれば山上の人々が毛人、すなわち進んだ金属器の利器を知らなかった先住民であり、平野の人々が真人で進んだ文化をもった種族であったことを意味するのではなかろうかというのである。大いに傾聴すべき説であろうと私はおもう。

いま一つ、秋山の部落がそうした先住民の文化を継承するものではないかと考えさせるのは、その集落の膨張にともなう分離の形式である。秋山谷の下流に大久保なる部落があるが、平地であり、今日、一般の平地集落となんら変るところはないが、彼らの姓は全部秋山谷と同じ阿部姓であり、彼ら自身古い言伝へで穴藤の新田であると伝えていることである。逃げかくれた場合でないかぎり、彼らの祖先がいつもそうであったように、のちの平地集落の新田の多くとはまったく反対な、高地から低地の方向を取っている点、たしかにこの先住民に似ているものではないかとおもう。猟人たちが一つの集団を形成して以来、先住民も、その後継者も、グループが最大限度以上に膨張することは、いつも執拗につきまとう大きな憂鬱であり、苦悩であった。その最大限度はどんな場合でも不文律として守られたもので、ある場合などは百人以上に達すれば村はおそろしい不吉なできごと

滅び去った山の民の集落

ここにはいろいろの夢が残っていた。かれらはなぜここを捨て去ったのか。やがて十数年たって私が再びここを訪れたとしたら，きっともう地面の凹みだけが残されていることだろう。こうして人間の遺跡というものができるのだろう。信州川上村梓山にて撮す。

が起るといったような、神秘な戒律として残された場合さえある。

西越後から信濃、越中、飛騨へかけての一帯の山々には、いまも台湾の東部山地に先住民が旧態を残しているように、かつて先住民の残党がすくなからず残されていたものであろう。いまにしても秋山の毛人があり、飛騨人があり、市川谷の山姥があり、戸隠山の鬼女や有明山の鬼や、中房山の八面大王や、鬼無里村の古い遷都にかんした鬼の伝説、信濃の鬼筋の家々など、それから諏訪の国津神と諏訪明神と戦った数々の話など、すべて残された先住民の匂いである。山頂のトレイルに放浪しはじめた猟人たちは、山から高原へ、平原から低地へ発展した。そして新しい優勢文化の抬頭とともに、自からの衰勢をどうすることもできず、ふたたび逆コースをとって、平地から高原へ、高原から山へ、山からさらに奥深い谷へ、あわれなカインの子たちは最後まで平地民と妥協しえずに、楽しい山々の幻想をおって転々と今日にいたったものであろう。いま、わずかな特殊な感覚をもった旅人や山歩きの人々が山深く訪れて、その純朴さと純真さに感激の一夜を明かすのは、すなわち先住民の姿であり、その子たちの山々の夢物語である。

しかし、彼らもついには時の流れに抗しえないに違いない。この秋山の猟人たちも水電工事で大いに開けた以後、たくさんの里人が入りこんだ今日では、むやみに里人をうらやみ、女たちは山村にいたたまらず、流行歌が歌われ、うすぎたない簡単服なる代物など横行する現在だと、大正の末頃から苗場の行き帰りになんどともなく訪れた岩崎三郎さんの話であった。

木曾御嶽山麓、木曾福島から八里、王滝川の幽谷をさかのぼった滝越の部落は、先住民以来のさまざまの夢をその姿とともに、大同電力会社の一大貯水地の水底に、永遠に沈ませようとする運命にある。その老人たちをして数万金の立退料《たちのきりよう》さえ見向きもせず、「祖先の墳墓を死守して水底の藻屑となるとも此の地を去らず」と豪語せしめた。その先住民以来の山を愛するの血がこうまでも尊厳で悲壮であるにもかかわらず、カインの末裔はまたも追われようとしている。

（昭九・八・七）

三　九州廻記

山口湯田から

私の発つ夜、祇園祭の宵の京の町角はまるで人の流れる谷でした。その谷は美しい遊女たちが流れ、山車《だし》が流れて、古い京都の匂いがむせかえるようでした。死んだ芸術の殻のあやしい美しさが、今宵こそはよみがえってきたのでしょう。藤娘が、小姓が太夫が、牛若が、弁慶が、そうした古い都の彼らの英雄たちは、永いこと彼らを楽しませてくれた英雄劇のフィナーレのままで、凝固の美しさは、様式の美しさは、まったく何にだってゆがめられない荘厳なものでした。

さて、そうしているうちに、かんじんな電車や自動車の交通がいつまでたっても立ち直らないのです。とうとう下関行きの急行を逃してしまい、山口へついたのはもう十一日の午後二時でした。小川五郎先生をお訪ねして、明日東京へたたれるのに、山口高校の陣列室へ案内していただきまし

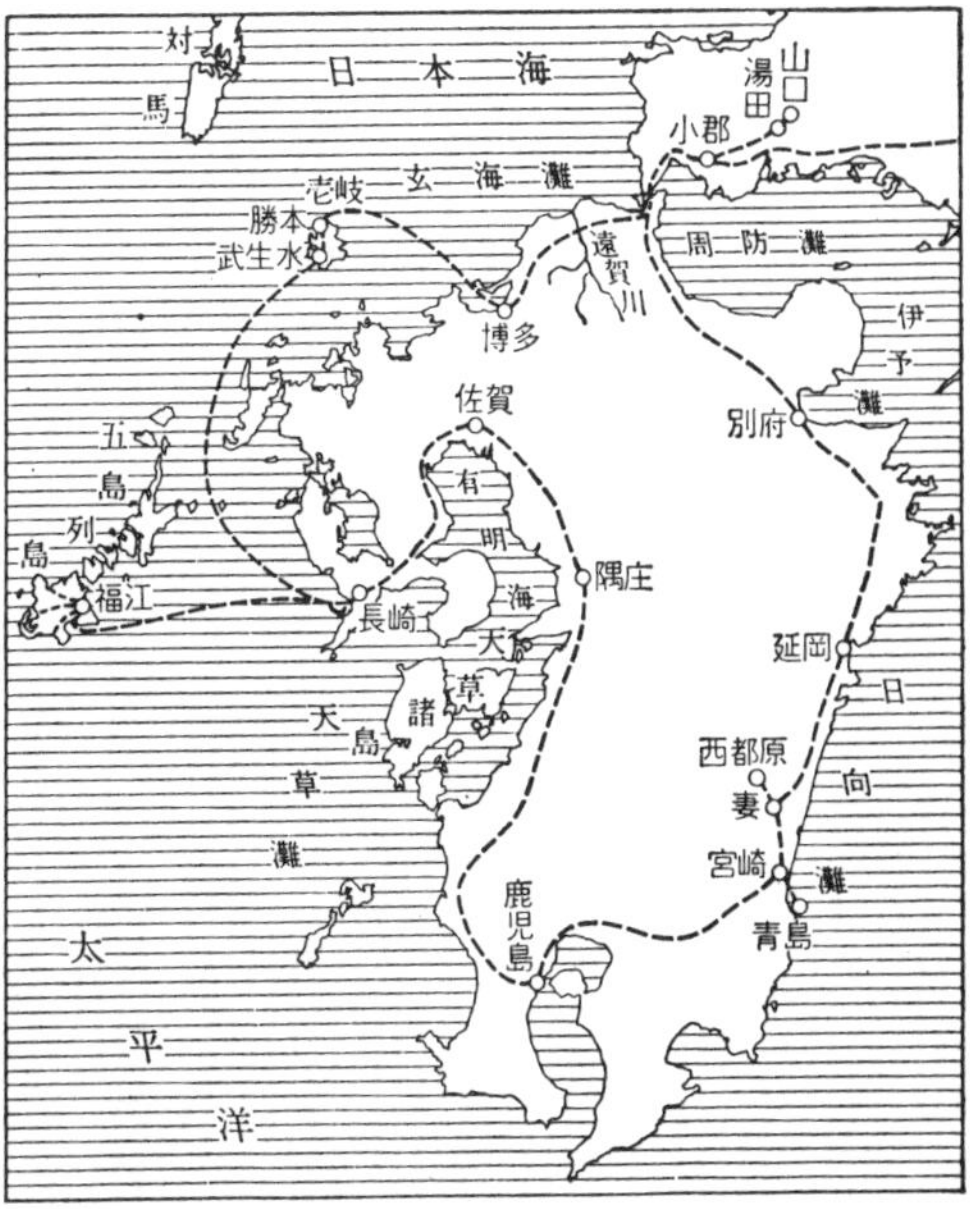

九州廻記の足あと

た。弘津史文さんからの歴史の永い研究室だけに、その内容は私を楽しませてくれるのに十分でした。夕闇《ゆうやみ》がせまってきました。土器の実測数個だけで、あとは明日にしました。夕食後、小川先生は弘津さんと、教育博物館の主事さんをご紹介下さり、それから夜更けるまで、山口の大内氏の遺跡を見せてくださいました。繁華な通りも歩きました。明日山口高校と松山高校との野球戦があるので、街はたいへんな騒ぎです。疲れたので、二人して川端のベンチで慰みました。町中、紫陽花《あじさい》の花がいっぱいです。

十二日、今日はまたやるせない雨です。

高校を一日ですませようというのでものすごい馬力で、弥生式土器の実測二十四個、弥生式石器三十五個をすませました。おもしろいのは見能ケ浜海岸の包含層の遺跡です。末期の弥生式土器と、すばらしく大きな扁平な石錘と特異な大土錘とがたくさんでます。末期弥生式の鈍器の問題はおもしろくなりそうです。ここからは石製模造品もたくさんでています。みな、円盤様の箇粗なものが多く、刀子《とうす》その他はありません。今度の九州の旅の、大きなお土産は弥生式石器ということになりましょう。石器の集成図作成の必要を痛感しています。それから、見能ガ浜には古い貝殻の引掻文《ひっかきもん》の土器の一群があります。いずれ、遠賀川立屋敷の土器と共に取りあげられることでありましょう。

ものすごい土砂ぶりの雨のなかで、両校の応援団の凄愴《せいそう》な応酬です。長髪ばかりでなしに頬髯《ほほひげ》まで生えた男たちです。土器を測る私までおもわずしらず、その青年の雰囲気に引き込まれるのです。

私はいま、宿の井上公旧邸跡の見える部屋でこの手紙を書いています。ヤモリと一緒です。大きなやつが三つもいて、さかんに壁や天井をはっているのです。一人でいればこんなやつまで可愛くてなりません。宿の女は「カベチョロ・カブリヤヘンデ」といいます。ヤモリはくいつきませんかというのらしいです。ヤモリのいることをだいぶ気にしているのでしょう。となりの芝居小屋へ万歳とレビューがかかっているので、わけのわからない関西弁がキンキン聞こえます。女は万才にいかんかなといいます。「ウンウン」と気のない返事をしていますと、そのうちにでていきました。後にバットの箱のちぎれたのが散らかって、銀紙で作ったカニが置いてありました。廊下へでてみると芝居小屋の裏窓からレビューの女が顔をだしていました。無果花《いちぢく》の葉のせいか、青い顔の女で、しきりに雨の中へ唾をしています。

すばらしい天気になりました。大典記念教育博物館は、さすがに防長の志士たちの遺品に追われて、土器・石器はかわいそうのようなものです。それに実測一つ一つについて、ウカガイをたてなくてはならないので、閉口頓首。正午には宿へ帰りました。時間の都合が悪いので今夜も泊り、朝早く関門を越えます。

延岡から

関門をわたるときの海は、ぼくを楽しませてくれるに十分な、生きた心臓のような美しさをもっていました。青い海、赤い白い船、その色彩の美しさを歌にしようとしきりに苦心しましたが、ものになりませんでした。

九州へ渡ってからリュックサックを開けてみると、意外な白外郎《しろういろう》という山口名菓が入っていました。それに紙で折ったカニがはさんであるのです。昨夜、湯田で宿の女が、紙で作ったカニを持っているとと物忘れをしないんだと教えてくれたので思いあたるのです。キクという名前で、その家の娘、だいぶわがままにふるまっていました。骨組みの大きい、顔の線の柔かな、まつげの思いきってながい女でした。モヤッとした味の白外郎を、ただわけもなく食べています。やがて別府です。佐賀関あたりがかすんでみえます。

延岡で有馬七蔵翁を訪ねました。北日向の資料はだいたいそろっています。非常に卓見をもった方です。洪積層の泥流下から獲られた旧石器のようなものを、十数個持っておられます。いまになお採集可能だそうです。直良さんなんか御覧になったらどうでしょう。

延岡を中心とした豊後境の北日向、東および西臼杵の二郡には、古い弥生式土器があまりありません。こちらで東郷式以降に相当するものばかりです。例の甕《かめ》棺文化もおよんでおりません。ところが、幸いにもその後期弥生式土器には特異なマスクを持った石器がだいぶともなうのです。弥生式石器の意義どうやら組み立ちそうです。中心の遺跡は、ここより五個瀬川の上流、南方村の高野や三輪です。ここからは、また、捺型文系統の土器もたくさん

剝片と半月形刃器

日向南方村高野出土，有馬七蔵翁旧蔵。日本にめずらしい石器ということで，後に学界の注目をあびたが，現品は失われ，この写真だけが残った。実測図のないのが残念である。

でています。その近くには轟《とどろき》に似た遺跡もありなかなかにぎやかなものです。それから八幡さんのいわゆる細石器のような刃器もたくさんでていますが、古いかどうか責任はもてません。完全のものは別として、土器も石器も、これはまたたんねんに、一つ一つ縫いつけてあるので、一つ一つ実測するのにまったく泣きたくなります。

今日となると、暑いとも何ともおもいません。ただ体中ベトベトでいやな気持ちです。胃の調子がこわいので、水と氷は一切飲みません。信濃の水のたまらないうまさがなつかしくてなりません。だれかメリメの小説は、信濃のあの質の良い水のようだといったのをおもいだします。いま、宿へ帰ってきました。ものすごい夕立ちがありました。通りのカフェーで鳴らす、アルゼンチン・タンゴが水っぽい空気にとけてむっと甘ったるく流れてきます。この宿では、大きなズック製の錠のかかる袋が備

日向の弥生式石斧

上の例は後に太型蛤刃石斧と命名された弥生文化の本格的割り斧。下は頭が尖って断面の丸い一ヴァリエーション。

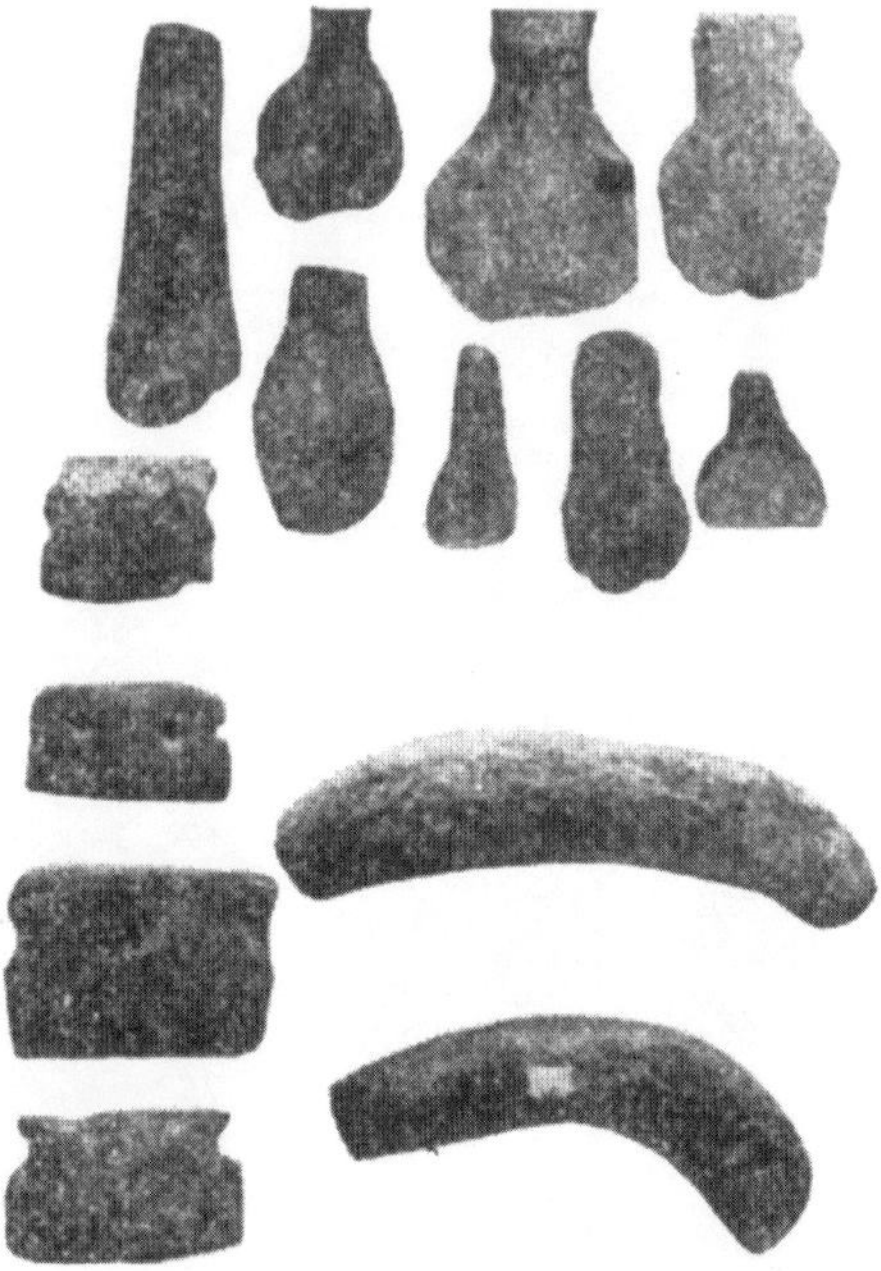

日向地方の後期弥生式石器

石鍬，庖丁，石鎌などは，北九州とはちがって，たぶんに陸耕的である。（妻郷土館旧蔵）

えてあります。貴重品はすべてその中へいれてくれといいます。袋ごと持っていかれたらどうするかと聞くと、さあそんなことめったにありゃせんに、というのです。いっそこんな夜は、身体ごと袋へはいっていた方がいいとおもいますね。

妻町から

日向は、臼杵郡から児湯郡へはいっても、やはり古い弥生式土器はすくないのです。津農神社では、貴重品台帳にのっている宝物の土器をいくつも見せてくれました。妻の郷土館には土器はありませんが、石器はたくさんあります。明日、ゆっくり分類してみたいとおもいます。津農神社の土器と、郷土館の石器とがセットになって、児湯郡の弥生式が、臼杵郡のそれと比較できましょう。打石斧に相当するものでは、鋤や鋤簾《じょれん》の形態の大形品がすばらしく発達します。それから、長方形の小さな側面のくびれた石庖丁、これは北九州の古い土器にともなう半月形の石庖丁と比べてほしいものです。磨石斧には、くの字に折れた刃部だけ磨いたラフな石斧と、いま一つ東日本でなら、すぐに遠州式か何かといいたい、頭の尖ったたたいてつくった石斧が少なからずありますが、これらはまだよくわかりません。この旅のおわりには、明確な形でお話できましょう。有馬さんの資料で東臼杵郡の海岸の本岩は、周防の見能ケ浜のような末期弥生式の貝塚ですが、大きなさまざまな形態の石錘がものすごくでているのです。児湯郡にもそんな遺跡があります。末期弥生式の鈍器の問題はいよいよおもしろくなりました。それから、北日向には例の磨石鏃がたくさんありますが、中部日本のものとも、北九州のものともまったく異なった大小ふぞろいな、薄っぺらなやつです。もちろん、実際の刺兵具とはおもわれません。信濃のものも、北日向のものもこんな現象は、異なった意味で弥生式石器の大系を考えるうえに、あまり気にする必要はありますまい。

妻中の松本校長から、坪井さんが私のために書いてくださった依頼状を見せていただきました。切なること、子の就職をたのむ親の手紙のそれでした。いままで、一人で旅するような気持ちでいい気でいたこと申しわけなく、涙のでるおもいです。入費がおもいのほかかさむので、今夜は生まれて初めて木賃宿へ泊ってみました。はいったとき、しまったと後悔しましたが、いまはそんなにでもありません。同じ部屋に、但馬《たじま》の材木屋さんと熱海出身のモミ療法の男とがおります。材木屋がおもしろい山の話をしてくれます。私を学生さん学生さんといいます。モミ療治やは身体をもんでくれるというのですが、とても痛いんでやめてもらいました。窓から夜目にも美しく夾竹桃《きょうちくとう》と木槿《もく》げの花がのぞいて、その香がむせるようでとても豪華です。おやすみ。

西都原から

西都原へきました。親切な少年（この人が原田仁さんだった）と二人して美しい夏草のなかを歩いています。この辺の農夫は吸口のついた太い竹筒で、「天寿水」と刻んだ水入をかたえに仕事をしています。よほどこの高台は水に不便なのでしょう。その農夫たちが草むらをはらったり枝を落としたりしている鎌が、またとても愉快なものです。刃が直角に折れずに、長い柄とほとんど平行にぐっとのびて、頂きだけ彎曲した、古墳出土のものとどこも変わりません。いつか、法隆寺の宝物庫で建立の際に使用したという、いわくつきの長柄の鎌をスケッチして、ひどく叱られたことがありましたがまったくあれです。妻の町の金物屋では、いまでもその鎌を売っています。一家に一つはあるのだそうです。

西都原の古墳群は、幽霊の共同墓地です。これだけの権勢威示を必要とした、これだけの異常なエナージをしぼりだしえた民衆はどこかに生きていたのです。その生活の跡がいまだどの学者からも捨てられたまま、この偉大な無縁仏の墓は微に入り細をうがって掘りさげられているのはどうし

昭和初年の西都原

見わたす限りの畑地と林の連結で，そのところどころに古墳があった。いまは風土記の丘として，観光的に開発されている。

てでしょう。さよなら西都原よ、さよなら南の国の夏草よ、自然のみあまりに美しく、残された古き富貴の骸《かばね》のぎこちなさよ。

帰路、美しい堤《つつみ》で子供が水泳をしていました。私もがまんできずに飛びこんで泳ぎました。泳ぎはそうとうなものです。水が心臓にしみわたるほど冷たく、そのあと、身体が燃えるようでした。

宮崎から

宮崎へきました。こちらではいまごろ、稲苗の植えつけをしております。九月の末にはもう実るのだそうです。信濃の故郷の山峡の村々では、深山が真白で、麓の残りの雪を押しのけて梅や桜が一度に咲く五月頃、冷たい雪溶けを田にはって寒い田植が行われます。それでも収穫は十月の末です。もうその頃は、早い霜や雪に追いかけられた氷雨《ひさめ》が何日も続くのです。寒い信濃のような土地に、暖かい日向と同様に、弥生式と稲とがなぜあんなにいそがしく流れていく必要があったのでしょう。私はいままで、ずっと柳田さんの「からいも地帯」をとおってきました。

『海南小記』を見ると、この地方の海岸の水のとぼしい岬や岩礁《がんしょう》の陰で、とても住む望みもなかった荒地が、唐芋の輸入によって一部落また一部落、またたくうちに住み良いいくつもの郷が栄えていったありさまが書いてあります。それに、雑穀より甘いだけでも唐芋の方がおいしく、世話も入費もなく、凶作の心配もずっと少ない。おまけに、沖へでていく舟の弁当には、片手で食べるから便利だなどと、とんでもないまけおしみさえ書いてあるのです。

宮崎でその話を、いまでも本当かと瀬之口伝九郎さんに聞いたら、瀬之口さんは笑っていました。米が欲しがられると同じように、文化が熱望されるのは人類の共通性でしょう。

鉄道がひかれ、ランプがはずされて、女が洋装して下駄をはき、あたらしい流行歌がはやる日本の田舎は、どんなに古い山村や漁村の訪問者や民俗学者をさびしがらせたものでしょう。都会の旅人が、彼らの純朴な神のような無智さを半ば好奇心にほめたたえるのですが、彼らにとって、こんな迷惑千万なことがありましょうか。たち遅れた彼らが文化の水準に泳ぎつくため、はらわれている涙ぐましい真剣な努力、明治初年の欧風横行時代の噴飯に値する真剣さ、寒い山国でありながら狩猟生活を、農耕生活へ、あの弥生式文化へのすばらしい転換期、すべてはのびてゆく日本の苦しそうな姿です。

味気ないことを書きました。どうも頭が不連続線彷徨《ほうこう》です。

宮崎はのんきな街で、メインストリートを大きなカニがのそのそやっています。けさは宮崎神宮の拝殿の前でマムシを見つけましたが、守衛さんは兎をおさえるように黙って獲ってしまいました。一匹や二匹めずらしくもなさそうです。アスファルトがとけて、私の靴はゴム裏なのでベトベトして不愉快です。みちばたにホウセンカが満開です。信濃の私の家の庭にもホウセンカが十何本かあったわけですが、どうしましたやら。

宿は駅前の八百屋の二階で、いまマクワウリを食っています。

赤彦の短歌を見ました。落胆《らくたん》しています。あれほど張り切った良い雑筆や評論を残した人だのに歌はまるで線の強さも、色彩の華麗さもなく生活の重圧にめそめそしているのです。サソリ座のアンタレスや金星が頭の上近くまできています。やはり南へきたのですね。宮崎は結局四日になりました。

今日は図書館へ若山館長を訪ねました。日向の縄文土器遺跡、綾村尾立と柏田貝塚の資料が集められています。ともに東臼杵の南方村今舞野と三者で、日向の縄文土器編年の重要な役割をつとめるものです。尾立は広大な遺跡で発掘はもっとも有意義でしょう。ともに若山さんの発見です。

日向も南の東北諸県郡宮崎郡にはいりますと、古い弥生式がぐっと多く、石器も閃緑岩系の岩石で作った太形蛤刃石斧が多くなります。北日向のような石器の変移現象はありません。ただ、扁平片刃石斧はこの地方で一番少ない弥生式石器ということになります。

青島から

青島では親子の漁師について、はまびわや蒲葵《びろう》の林をぬって、海辺の岩礁の上を歩きました。大きなはまおもとの白い花、真赤なひぎり、熊竹蘭の青い花、南国の太陽は、その妖しい花園に金色の粒をふりかけているのです。岩礁は多孔質の岩石で、それにはウニやナマコがいっぱいです。はだかではだしの私は足裏が焼けて、漁師から藁草履をかりてはきました。帰りには干潟でハマグリを六つに大きなカニを一匹獲りました。山国そだちの私にはこんなことは初めてです。ここでは魚突きというものをよくみました。五尺ぐらいの柄のついた小さな鉄のモリを小脇にだいて浅瀬の水面に浮んで魚をつくのです。獲物は主として、エイやヒラメです。海とわずかな耕地で生活する人々のことを心ゆくまで味わいたいとおもいます。少しは古代生活の理解力も養われましょう。

夜は青島踊りを見せてもらいました。すごい鬼面が数人して、大太鼓に合わせてそれぞれがもっとも恐ろしいと思わせる姿態を演出するのです。蒲葵《びろう》の林の中でかがり火に照しだされるそのありさまは、南洋のトーテム踊りのようなものをおもわせる、とてもグロテスクなものでした。島をでるときは、もう泡立つ潮がものすごく寄せてきて、海草の匂いでいっぱいでした。

鹿児島から

鹿児島はとにかくぼくを楽しませてくれるにたる美しい街です。樹が多く、山があり、海があり、それで街の人がピチピチと美しいのです。

図書館へいきました。大隅薩摩の弥生式は日向とまったく異なっています。飾られた巾広の突帯を有するすばらしく大形な壺と、それにともなうはけ目をもつ甕《かめ》の一群と、濃赤色のうつくしいみがかれた無紋の群とが発達しています。ともに底は丸底にちかく、したがって器台が発達しています。前者は薩摩から大口盆地、とくに甑《こしき》島では特異に発達し、後者は大隅薩摩の両半島に濃厚で、肝属郡や指宿郡の土器の出土量は、とくに驚異的で、オングラケ（鬼土器）、コラケアメン（土器免）、コラケバチケ（土器畑）、などの地名もあり、土器片のために耕作を断念することもすくなくなく、土器塚のしまつにはまったくお手上げなんだそうです。石器は鋤、土掻きなど多く、大形蛤刃石斧もそうとうにあります。それには刃の鈍い敲き製の細長い石斧がここでも併在します。南島の喜念や面縄の石斧がこれに同じで、やはりりっぱな太形蛤刃石斧と共存します。ともに南満の貔子窩あたりの石斧にも糸をひくもののようにおもわれてなりません。

夜は山崎五十磨さんを訪ねました。蘭のいっぱいにしげったお宅でした。

もう先刻から何度、こいつを測り直しているのでしょう。

むやみに複雑した甑島《こしきじま》出土の甕《かめ》です。何をしているのか自分にもわからなくなりました。実測はなかばできず、身体はもうくたくたです。軽い夕立ちが過ぎました。隣りの部屋からすばらしいピアノが聞こえてきます。ベートーヴェンのロマンスです。久しいこと、音楽に飢えていましたくいいるようです。とうとう甕の実測などやめたくなってしまいました。

ピアノの主は、上野の学校の休みで帰省された山崎さんの姪の方で、加納さんといわれます。加納さんのお宅は意外にも大森の久ケ原。だいぶ前に裏庭からたくさん土器がでて、そのときは森本さんといわれる方が、学生さんを連れて一週間も発掘にこられたといわれるのです。君も思いだすでしょう。あれは羽沢町にいた頃です。その後も先生は死なれるまでこのピアノのことはなんど東京のたのしさに語られたことか。「久ガ原を掘りました。竪穴を掘りながら、この家のお嬢さんの美しいピアノに聞きほれています」と、私への私信にもみえていました。偶然にしてはあまりに美しい今宵です。あのときはたぶん、君も丸茂君もいっしょだったと思います。いま、ぼくは南の果てまできて、そのピアノに泣きだしそうな気持ちになっています。

宿へ帰ってきました。天気予報を聞きに下へおりると、ちょうど上高地のキャンプファイアの実況放送の中継です。誰かの歌う安曇《あずみ》節が山の暗にこだましてブンブンうなりかえっているのです。信濃はいま夜ごとに冷い夜の川原の踊りでしょう。もう信濃の山々へのノスタルジアがからだの中を駈足です。宿のオバサンは、善光寺へは三度もいったといいます。高野山からすぐだといいます。たまらないぼくは、三階の屋根裏の部屋へ帰ってきました。そとはすごい嵐になりました。大きな雨粒が窓ガラスをはいまわっています。もういてもたってもたまりません。

隈庄《くま》から

嵐は今日もやみません。大隅行きは出航不能、断念して、熊本の隈《くま》庄町へ小林久雄さんを訪ねました。ここでも亡き森本さんは脈々と息づいています。小林さんは森本さんの残された仕事に対して、アクティブな意志を開陳してくださいました。肥後の縄文土器の編年資料、それから、弥生式にともなう石器の資料、いま、ぼくは九州の旅の総決算のような勉強をしています。

昨夜は更けるまで語りました。森本さんのこと、縄文式文化には縄文式文化の研究態度が明らかなこと、弥生式文化には弥生式文化の正しき研究態度が厳然たること、小林さんの象のような眼が圧するように輝くのです。やがて、嵐は台風に変わりました。すごい音をたてて樹木は裂け、窓ガラスはとぶのです。二階の資料室の方で風にあおられたガラス戸があばれています。そこにはぼくの十数日かの苦心の結晶がそのまま置いてあるのです。電燈は消えてしまって身動きもできません。心配です。とうとうおそろしい一夜は寝返りのうちに明けました。

佐賀から

今夜は佐賀へ泊ります。久留米へ泊ろうとおもったのですがやめました。昨夜の興奮がさめないせいか、苦しくてしかたありません。鳥栖《とす》では時間がありましたので、思いきってビールをひっかけました。京都以来です。もうそろそろ一人旅の孤独さが耐えがたくなってきました。

佐賀市の徴古館は弥生式土器二個のみでした。でも、ここでは古い唐津や鍋島の焼きものを多く見られてうれしくおもいました。その麒麟《きりん》の置き物にはまったく驚嘆しました。その青磁の美しさ、翡翠《ひすい》の緑をより高くかっていたぼくも、はじめて緑の新鮮な渋さがわかりました。竹内栖鳳がなにかで、印度洋は翡翠《ひすい》の上を滑っているようだと、いったことを思いだすのですが、それなら青磁は深山の溪流のかがやく美しさです。柿右衛門はなるほど苦心したという跡より何もありません。ちょっと後臭が強すぎるのではないでしょうか、それに比したら古伊万里染錦の雑器は、愛情を感ずるほどの色彩のよさです。川口軌外にでも見せてやりたいとおもいます。オデオン・ルドンの描いた感覚や色彩がにじみでているのです。

長崎から

長崎は、正午から夜の十一時まで、雨が横なぐりに降っています。海はすごくうねっています。ごていねいに、船問屋の親父に名にしおう五島灘だからというのでおどかされ、すっかり考えてしまいました。

諏訪神社へいきました。ぼくの氏神の出張所です。お籤《みくじ》をひいてみました。このお籤の、人はなにごとも公然にすべし、かくしだてするは悪ろし。それに長崎らしい英文で脚註してあるのです。旅立ち、西の方悪し、京都を発つ前夜、百万遍《ひゃくまんべん》の易者が気をつけなされよ、いかんと思ったらしいてやんなさんなといってくれました。そんなことでどうも頭がモヤモヤしています。場末の古い石だたみの街をボコボコ歩きました。すみずみに取り残された南蛮風な影が、ときどき煙のように匂うのです。骨董店で七色のギヤマンで作られたすばらしい豪華な燭台をみつけました。値をきいたら三百円だというのです。おどろきました。いいはずです。

五島から

五島灘は悪戦苦闘、相当なものでしたが、とにかく、いまは五島です。昨夜一睡もできなかったからでしょうか、その光線の強烈さにはいささかまいっています。

列島の端、福江島の南端のはての黒瀬までいき、小西元さんにお会いしました。黒崎海岸の洞窟から発見された押型文の土器は重要なものです。おそらく、いままで注意された押型文のうちもっともそまつな、発達しないものでしょう。小西さんは、中央の学界とまったく別個に、それらの押型文の土器についての、そうとう穿《うが》った考察をもっていられるのです。滑石の入った阿高式、または有喜の土器に相当するものなどがあります。

ここで驚いたのは、一昨日も東京考古学会の人がみえたというのです。七田忠志君です。懐しさにおもわずあとを追おうとしたのですが、もう逢えますまい。七田君がみているのなら、精査の必要はありません。五島は簡単にして壱岐へいこうとおもいます。

おひるには、小西さんの十二、三くらいの子供さんがちょっと待ってくれと、目笊《めざる》を一つ持って裏の川へでていきました。二十分ほどすると、笊《ざる》に半分位小さなウナギを獲ってきて、小西さんがそのままグツグツ煮付けてくれました。笊ですくってウナギがとれる、食料というものが、いったいそう簡単に獲得できるものでしょうか。

この辺では、子供の大半は眼病にかかっているのではないかと思われます。水のせいでしょうか、とにかく水はすくないのです。軒下に大きな甕《かめ》を備えて雨水を集めているのなど見うけますが、一番大きな福江島においてしかりですから、もっと小さいいくつかの岩礁のような島々では、それが普通に行われている飲料水に相違ありません。

弥生式の大きな甕が、とくに水に恵まれなかった地方に発達するといったふうなことはないものでしょうか。甑《こしき》島や壱岐はその意味で興味があるのです。この黒瀬などの部落を歩いていますと、ちょっと芥川龍之介の羅生門の雰囲気を思いだしてなりません。

富江から大浜へわたり、大浜からこの島を横断して福江へでました。馬車でたっぷり三時間かかります。

この島は低地性のよく農業の発達した島で、芋や陸稲の畑の中に美しい川がいく筋も流れて、赤牛がいっぱい遊んでいます。道ばたにはところどころ村共用の大きな井戸があり、洗濯するもの水浴するもの、裸の女が群れて、浜ビワの林では鳩が鳴いています。私たちの四人乗りの馬車がその中を走っています。お爺さんがホイホイと馬を追いながら、その女たちに、いちいち挨拶をかわしていきます。町へ何やらこみいったことづてを頼む女もあります。

五島福江島の西端

福江では川で子供たちが笊（ざる）でウナギをとっていた。これで食糧がえられるとは。

途中で客は五人になりました。助手席のお婆さんは、降りて、馬車の後から、たったったっと走ってきます。馬車が林へはいると、緑のしげみを透した太陽が金色の縞になって燦々《さんさん》と斜めに流れこんできて、前に乗っている女たちの顔が豹のように美しくゆれます。

今日は福江に市がたつのです。女たちは陽気にはしゃいでいます。ぼくはタバコに火をつけて、軽くラ・パロマを口づさみました。

波止場は福江城の外廓を利用したものです。城は赤茶けた干潟に囲まれているのですが、潮が満ちると水門まで水にひたされて、天守からはただ渺茫たる五島灘のみえる、美しい夢のような城です。

長崎行は夜の二時半の出航なので、美しい夜の波止場で星を見てねむりました。潮の満ちてくる音がいつまでも聞こえました。

壱岐から

長崎から壱岐へは客船に乗りおくれて、貨物船に乗りました。釜山行です。移動の刑事が乗りこんできました。ものすごい男です。ぼくはリュックサック全部を調べられ、とくにこの分不相応のカメラ二個は、はなはだしく彼の神経を刺激したらしく、なかなかゆるしてくれません。もう勝手にしろと黙ってしまいました。どうやら監視つきらしいのです。この苛酷《かこく》な刑事の質問で、長崎から三人、佐世保から四人、同船の人々が何故この船に乗ったか、わびしい人生をつぶさに知りました。

長崎からは密航の朝鮮青年と、七年前に五島へ渡って、波止場で働いた末、病身になり、いま、済州島《さいしゅうとう》へ帰る三十九の朝鮮人と、海女をしていたその妻です。密航青年は柄の大きなりっぱな顔だちの男で、日本語を一つも話せません。済州島は重い肺患でしきりに咳をしています。咳きこむと妻が背中をさすり、きっと金盥《かなだらい》へ何か吐くのです。

佐世保からぼくの隣に乗った女は簡単服一枚で、荷物は少ないながら傘から、下駄から、釜や、飯櫃《ぴつ》まであるのです。老婆と二人で、船が港をでる時は、陸へいつまでも手を振って泣いていました。三日ほど前に、父が死んで婆さんと二人対馬へ帰るのだといいます。

いま、船は平戸海峡です。

三日月が海を愛撫して、その光が船底の船室までゆらゆら流れこんでいます。密航青年は甲板で朝鮮の歌をうたっています。哀調が月の光といっしょになって、いっぱいに船の中を流れています。さっきまで苦しそうに咳きこんでいた済州島は疲れて丸くなっています。その妻は、子供に乳をふくませてぼんやり何か考えています。となりの女はすやすやとねむっています。眠ると子供のようにあどけない顔の、脚の美しい女です。啖《くら》いついてもう七年、その間この学問からたった一銭の報酬もとれない自称考古学の鬼は、リュックサックを枕にしてボンヤリと、女の白いエナメルのパイプチェアのような脚をながめています。

壱岐着、夜の十二時、武生水の警察から迎えがきていました。署までちょっとこい。今夜はむやみに疲れて気が短かくなっていましたので、ぼくも日本人だ、写して悪いものは写さん全部現象してみてくれ、つまりたんかです。フィルムをずらっとならべて、生フィルムを一本引っぱり出して見せました。どうやらライカフィルムは手に負えないらしいです。

——何んも写っちょらん——刑事さんたち顔を見合わせていましたが、いやそれにはおよびません。職掌柄ですから悪しからず、かんべんしてほしいというので、宿屋まで心配してくれました。

一人が小声で考古学てなんだといいますと、一人が古いことを考えることだというのです。土器の図稿をいつまでもいじっていましたが、結局、地図を一枚取られました。京都で三宅宗悦先生がくださった山口市の見取図です。

警察で電話してくれた宿へいってみたらあまり上等な宿屋なので、おそれをなして、近くの汚い宿屋をたたき起こしました。

私たちはこうして、ひたすら考古学のためにすべてを捧げているのに、どうしてこう肩身のせまい思いをしなければならないのでしょう。はげちょろけた鏡に自分の風体をうつしてみて、はかない微苦笑をわびしんでいます。気持も身体も疲れました。

壱岐では山口麻太郎さんと松本友雄さんを訪ねました。松本さんの集古館は、この島の分水嶺に近い椿の林のなかのシダに囲まれた家です。

松本館主は病まれて、むなしく床の上に端座していられました。百個をこえる完形土器、なお、千個を越える土器・石器はすべて東邦電気の松永氏の所有に帰してすでになく、長沼賢海氏の集古館の大額のみむなしく残って、広さがわびしさをかきたてます。

松永氏は松本さんの資料を中心に、出身地の印通寺へ豪華な陳列研究所を建てられるのだそうですが、歩行の意のごとくならぬ松本さんにはもはや、相見ることのかなわぬ我子たちの出世でありましょう。

松本さんはカラカミ貝塚、壱岐の弥生式文化・石器の問題と異常な努力で多年の体験を語ってくださいました。たくさんの資料の図稿を目の前に、手が震えて仮名くらいのほか、書くことは不可能なのです。松本さんは奥さんと御子息と三人暮しで、十八、九歳になられる坊ちゃんは足が不自由なのです。それでも松本さんはこれに書かせるのだといわれます。壱岐の島の真中の、どこから歩いても一時間かかる、取り残された原始林の真中に、こんな悲荘な情熱が燃えていて考古学は前進するのだということを忘れないでください。

壱岐の石錠と烏帽子石

柔かい泥岩で金属器で削って作っている。

壱岐の弥生式は、すべて須玖式に近いもののようです。東郷式も若干はあります。甕棺の多いのも、北九州のそれによく似ています。ここではただ、甕棺でなしに壺棺であるのです。美しい豪華な大壺が使われています。代表的な遺跡はカラカミ貝塚です。土器は須玖式併行、石鏃と石斧が失われて、鉄器や鉄の鋳屑がたくさんでます。骨器は多いのですが、石製の鋭器はほとんどなく、鈍器が発達しています。大きな錘、松本さんは碇石といわれます。凹石と、つぎはカマド石、これは以前山口さんが烏帽子形石器として「旅と伝説」へ書かれたものです。ようするに、三徳のようなもので多くは焼けています。おもしろいことに、それらはすべて軟かい水成岩で金属の刃物で削られて作られたものです。支那の甑《こしき》や鼎《かなえ》の脚ですね。杉原君の須和田には土製品があったはずです。弥生式の末期の鈍器の問題が、すっかり組立たりました。古い遺跡からは、太型蛤刃石斧も出ます。五島でも多かったのですが、小西元さんは縄文式の遺跡からでると話されましたが、壱岐では完全に古い弥生式遺跡にともなうことが立証されています。

壱岐は美しい島です。耕作地の中に村を持つ他の島と違って、ここでは原始林の中に点々と耕作地を持ちます。農家の一戸一戸が小さい荘園です。山の美しさ、海の美しさ、ぼくが草や木や鳥たちの世界にもっと親しかったなら、こんな詠嘆の言葉でなしに美しい壱岐の自然を描けたろうと思うのです。今日は地理もわかりませんのに無茶苦茶に歩きまわりました。夢の中の昏惑《こんわく》です。夕立にあいました。服はぬいでリュックサックにいれ、裸のままでただ走りました。途中に国分寺跡や、大きな石室古墳がいくつもありました。

勝本から

多賀城

去京	一千五百里
去蝦夷国界	一百二十里
去常陸国界	四百十二里
去下野国界	二百七十四里
去靺鞨国界	三千里

ああ多賀城の碑、君よこんなすばらしい叙情詩がかつてあったと思うか、奈良朝の防人《さきもり》が遠くみちのくに屯田して、くる日くる日のたえられないいまでの望郷の心にまず建てたのが、この一つの叙情句もない望郷の歌だったのです。彼らがそれを意識してはいなかったろうと思われるほどの、道しるべに近いようなたくまざるメモリアルなこの幾行かに、血のでるような詩がにじみだしているのです。

河合曾良の笈（リックサック）

この笈を負って芭蕉の「奥の細道」紀行にも供をし，彼自身これを負って，この壱岐の勝本で一人さみしく死んだ。死後，故郷の諏訪へ遺品として送りかえされ，主なき三百年を生きつづけてきた。

ぼくはいま遠くきました。この丘の上から白くあわ立つ玄海の波に浮ぶ対馬《つしま》を眺めながら、壱岐《いき》の北端の勝本にある俳人曾良の墓の前に立っています。ボコボコに風化した墓石にきざまれた辞世の句「春に我乞食やめても筑紫かな」があわれです。「奥の細道」での芭蕉のただ一人の従者、川合曾良は、私と同じ信州上諏訪の人、ついぞ故郷に入れられることなく旅人の生涯をここにとじました。

何のためにぼくはこのせわしい旅の最後を、わざわざ彼の墓まできて、南とは縁もない、北の奈良朝の人のリリークを引っぱり出さなければならなかったでしょうか。考古学という冷厳《れいげん》の科学が、つまりは一篇の美しい叙情詩に過ぎないことを、ぼくはつくづくとこの旅で知らされました。約一ケ月におよんでぼくの身辺をあたためてくれたいまもなお生きた人々の心にほのぼのと脈打っている古代人の魂魄《こんぱく》よ、さよなら。

ぼくの旅嚢《りょのう》はいま、九州古代人の紀念物でいっぱいになりました。三条の朝日ビルのアラスカで冷い水でパンをかじりながら、君とこのリリシズムを語れる日も近いことでしょう。毎夜書き送らなくては淋しくていられなかったこの手紙をここで終ります。

（昭一一・八・七）

四　山口をおもう

山口高校生小川五郎君が、周防の見能ガ浜ですばらしい石器時代の包含層を発見して、土器や石の鏡や石の楯が地層の色をかえるほど出土した。この大毎の記事は私のノートの第一頁の第一段で、もう新聞紙特有の茶色に変色しているのだから、たしか大正十二年頃にちがいない。とにかく、物心のつく頃だったたし、その後も何かといえばまず目立つので、その石の鏡や石の楯は一種神秘的な存在となって忘れることができなかった。

そんなわけか小川さんにお目にかかったときも、まず御挨拶のつぎにお聞きしたのは見能ガ浜のことであった。山口にお訪ねしたのは昨年七月、最初、香山閣の下のお宅へお訪ねしたが、ピアノがボロンボロン鳴っているばかりで、小川さんはお留守、そこで学校の方へいってお目にかかったのである。それから、四日間、私はもっぱら弥生式土器の集成図作成のためにあの郷土室で暮した。毎日、体のやりばのないほど暑かった。高い二階の窓べによって仕事をしていたので、正面のむこうに広いアスファルトの国道が見えて、並木のしまを自動車がぬっていくのが美しかった。そのバスは後の面に乗降口があるので、どこかめずらしい感じがしてなんども乗ってみたりした。

一日はぬけるような豪雨が降った。その日はちょうど山口高と松山高との野球の対校試合で、朝から両軍の応援団が破れるような大騒ぎであった。定刻になっても雨はやまない。しのつく豪雨の中を応援団が先頭に両軍がグラウンドへでていった。長髪の髯の悲壮なたくましさの男たちであった。大きな下駄に紺の袴、紋付で、校歌に陶酔するかれらの眉には雨も感じないらしかった。郷土室のすぐ下をその雨で肌まで見えた悲壮な一隊がゆきすぎるので、私はじっといきすぎるまで窓からのりだして、ながめていたのだけれど、かれらにはそんなわびしい存在を感じるものはなかった。私はそれから空が鉛色に落ちそうに暗くなるまで、若々しい太鼓や石油罐とかれらの太いうなり声の素朴なハーモニーに魅せられたりしながら勉強をした。

祭祀用石製模造品

周防見能ガ浜からは漁撈用具と共にこうした滑石製品がたくさん出てくる。海村の信仰が始まっていたものだろうか。（山口高校旧蔵品）

考えて見ればその前夜、小川さんに案内していただいて街へでた。山口の人は男も女も圧倒されるほどすばらしい体格をしているような印象をうけた。楊柳《ようりゅう》のようにまっすぐにのびた学生たちがどこか間のびした物すごいつくりで、校歌をうたいながら繁華な街から街をねっているのだが、教授の小川さんを見るとフイと丸くなって逃げてしまうので、それがいかにも愛らしい武者ぶりでうれしかった。その夜は大内氏時代の遺跡を歩いたり弘津史文氏のお宅をお訪ねしたりしたので、夜はいたく更けてしまった。川端のベンチで二人してバスを待ったのだが、そこいらがむせるようなアジサイの香りで、思いだすだけでもたのしい一夜であった。

見能ガ浜は関門に近い海浜の砂地上の遺跡で、その砂土は以前から、採集されて宇部のセメント町へ材料として送られているので、遺跡は全滅に近い。それでも郷土館には莫大な資料が集っていて見能ガ浜が特に多量であった。おもなものは扁平な礫を磨いた錘であった。大きなものは一尺くらいのものから、二三寸にいたるまで、その量はかぞえるべくもなかった。それから、土製の錘、土製の弾子《だんし》状のものなどがあり、土器は埴部に近い丸底の壺や高坏で大きな甕もすくなかった。他にも立屋敷のような古い土器の破片も若干はあったが、土器の三脚に用いられたと思われる小さな土器台等も多く、まず末期の弥生式遺跡と思われた。小さな蛸壺もあった。その後も日本の海岸地方で、そここにこうした海辺をフヨルドとした、末期の弥生式の、質に貧弱な量に勝った遺跡の幾つかを見た。いまやそれらの一連の資料は組立てられつつあるのだが、見能ガ浜は私に弥生式の末期の生活様式の一つとしての、原始漁村集落のアウトラインと、その非文化性を教えてくれたのである。

それは山口高校が焼けて、その郷土室とともにばくだいな資料が何一つ残らず、むなしく失われてしまったわずか前であった。このプーアな私がとうとうあの郷土館の最後に近い訪問者になってしまったのである。

三宅先生からは京都を立つ前に精細な山口市の略図と小川さんへの紹介状をいただいたのだったが、その先生の地図の方は記念にしておこうと思ったのだけれど、その旅の後の方で、壱岐の武生水という小さな街だった。移動刑事に私のカメラが怪しまれてさんざんいじめられたあげく、その地図だけが取り上げられてしまった。

丘の上の部屋のすみずみまで海の香のしみ込んだ小さな警察で、それも、いまは塵に埋れてうせてしまったに違いない。

（昭一二・一・二九）

五　信州尖石《とがりいし》行

六月十五日、無水帝都に絶えて懐しい雨雲が深くたれてきた。ぼくらだけにとっては、せっかくの一泊旅行だのにと思ったがこの抗議は通らない。正午、新宿駅で待つこと久しく、最初に国大の岡本健児君があらわれてまず一安心、杉原幹事は広島へ旅行中なので絶望していたが、発車近くになって例のらんらんたる眼を光らせて東海道線ではせつけてくれた。丸茂君は不参で奥さんが慰問品をとどけて下さる。にぎやかとはいえないが発車、杉原荘介・神林淳雄・岡本健児・佐野大和・関根忠邦の五君と私、さらに立川から後藤守一先生がくわわってますます意気あがってくる。車中後藤先生に話を聞く会で、東京考古学会十七回例会は開かれた。アイスクリームが飛ぶ、サンドウイッチが飛ぶ、果物が飛ぶ。

われわれが談話につかれて、窓外の風物に無聊《ぶりよう》のたすけをかりたのは、もう甲信の国境で、汽車は高原の山毛欅の疎林のうすい霧の中をまっしろに息づいて登りつめているころであった。午後六時半上諏訪駅着。北信からまわった島田暁君が合流、明日の世話人宮坂英式氏も迎えて下さった。

宿は諏訪湖畔の吉田屋、物すごいいでたちの一行がくりこむので、東京考古学会などと旗を立てる必要もない。迎えの荷物リヤカーに、杉原君悠然と乗りこんで、その異風四囲を圧すといふ愛すべき風景であった。ここで宮坂氏より、氏の苦心になる遺跡踏査要項と立派な村図がわけられた。夕飯後も後藤氏を中心に懇親会を開いたが、そのたのしさを形容にあらわすよりは、おそらく諸兄の想像の最大限のたのしさにおいて復原していただいた方がよいだろう。芸者たちが帰って、深更三時、満開のケシの花にかこまれた中庭の、プールのような露天風呂へはいる。大きな月が半分、死んだような旅館のすみずみを照し、湖の藻の香が淡い、銀象嵌の夜空は青く深く晴れあがって、その下でみなしてビールをひいた。風呂の縁近くで殿様蛙が鳴いて山国の夜はいよいよ冷い。

一番にとび起きたのは佐野君、わめき立てるのだけれど、昨夜いちばん活躍した杉原君はなかなかに起きようとしないで、だんだんふとんの中へ後退して行く。一風呂浴びて帰ってみると、篠ノ井の宮本邦基氏が、知らん顔で眠っている杉原君の枕下でポツンと、ひとりすわっていられる。これはこれはで恐縮。神林君等は早朝から諏訪湖岸を歩いて大いに高原の朝をあじわってくる。

駅へでて和島誠一君を合流、さらに茅野駅で地元の一隊が合流される。小平雪人・矢島数由・今

八ガ岳の雄大な裾野

尖石のような大遺跡がいくつもある。矢印が尖石の位置。

井広亀・細川隼人・小平定太・柳平千彦の諸氏で、みな、諏訪史以来の地方研究家の権威である。

八時発、豊平村南大塩までバス、海抜千メートルに近く、陽光に散る朝日を追って登る。カッコウの朝の讃歌がしきりに右左。車中、付近の遺跡の説明があり、矢島氏は早くも最近採集の珍品をやつぎばやに開陳される。

宮坂氏宅では、広縁いっぱいに尖石遺跡その他の遺物を陳列して待ってくださった。一同は配布をうけた遺跡踏査要項および村図によって遺物の予備知識をうけた。尖石遺跡では、その主体となる中期縄文式土器たる一群の

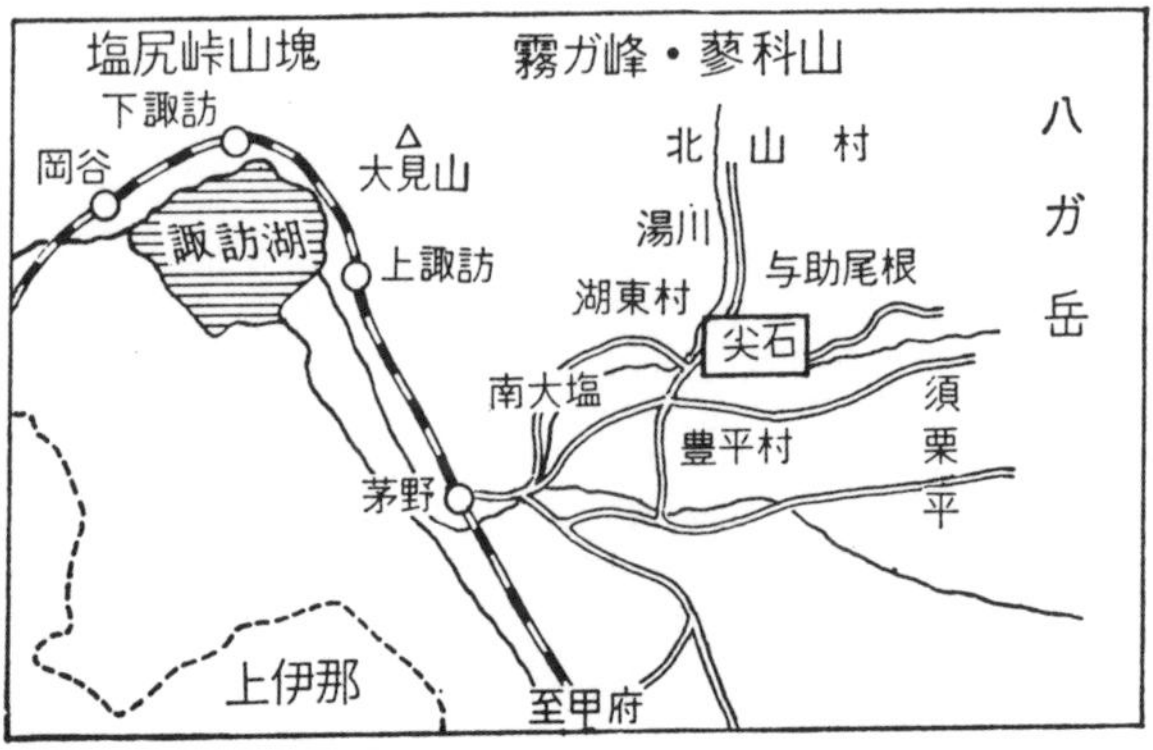

信州尖石遺跡の周辺

ほかに、関東に比較して加曾利E式と堀之内式の中間にくらいするべき特殊の土器形式が注意され、縄文土器文化の形式編年の上に一脈の不思議を残した。北山村湯川上ノ段遺跡で加曾利B形式並行の末期縄文土器にともなって発見された弥生式土器を、杉原君が、前野町式並行すなわち弥生式最後の形式とみとめ、かつてこの弥生式文化がわずかながら侵入していることに喜んだりした。神林君はおりから博物館の土偶図集を編集中のことなので、その顔面把手へ、しきりに眼鏡をすり上げる。後藤先生のねらいはさすがで、尖石なる単純中期縄文遺跡における伴出石器に注意され、たとえば磨製石鏃や玦状耳飾《けつじょうみみかざ》りなどを取り上げて入念に実測されている。

　右から左へ視界いっぱいにひろがった八ガ岳火山群の濃紺の、その山頂へまっすぐに褐色にひらかれた路を、みなが三三、五五。カッコウやツツドリが郷愁のリリークをかなで、冷たい空気は朝のミルクのようで、そのなかに鬼つつじの群落の真紅を、萌えたばかりの樺や柏の若芽のなかでにじませている。われわれもまた、こんな自然の中の初夏の朝を、甘受しうる生物の中の人間の一人ずつだったことを、いまさらながらつくづくと感じたりする。野路は乾ききって粉の中を歩くようだが、気にもならない。八ガ岳の拡大な泥流ファンを縦に幾つかのコンセクエント・リバアがきり開いた幾筋かの長峯状の台地、尖石遺跡はその一つの黄土《ローム》台地の一部分にある。

大正十三年の『諏訪史』一巻当時の調べによっても、諏訪全体で四百九十五、約五百の遺跡に対して、この北山浦地域は百二十七個所をもち、この広大な裾野のローム台地そのものが、一大遺跡地の感すらある。おそらく尖石はその最大なるものであろう。南北に二つの溪《たに》にはさまれた幅千《メートル》の丘陵の、長さ五百《メートル》の部分で、遺跡はこの台地だけではなく、北は与助尾根から、南は新水掛・鴨田・金掘場へかけて横につらなる各台地に延び、尖石を中心として、南北二《キロ》にわたり、三つの台地を包含する大遺跡である。この地域の大部分がそうであるように、尖石も縄文式中期に全盛をむかえているが、同時に完全に中期縄文式文化のみを残して、この住居地は消滅している。

この遺跡が初めて学界に紹介されたのは、古く明治二十六年。小平雪人、定太両氏の厳父、小平小平治氏による『人類学雑誌』九・九一号の「長野県北佐久郡古墳及び諏訪郡石器時代遺物」が嚆《こう》矢《し》である。ひくい叢林《そうりん》をまじえた原野で、ながいことまったく人々から忘れられていたが、このころから次第に開墾の鍬はこの浅い堆積の遺跡を破壊し、遺物の包含は芝生面直下で、土器類の出土は量において驚くべきものがあった。大正十三年、鳥居博士の『諏訪史』一巻が出版されるまでは、その発掘物の若干を小平雪人・故田実文朗・宮坂春三氏等がわずかに収蔵されていたに過ぎない。『諏訪史』以後においてはこの地方の研究家の間にその研究を完成したいとねがう機運が濃厚となり、まず今井弘樹氏の発掘があり、今井弘樹氏の「諏訪郡尖石の発掘について」(『信濃考古学会誌』二ノ五・六号　昭和六年)の稿が発表された。

信州尖石発掘の東京考古学会

昭和15年6月前列右より，宮本邦基・杉原荘介・宮坂英弌・後藤守一・小平定太・小平雪人・佐野大和。二列目左から筆者・神林淳雄・岡本健児・関根忠邦・和島誠一・島田暁。後ろに今井広亀・矢島数由さんたちが見える。

今井氏の研究はついで宮坂英弌氏により受けつがれ、しだいに発掘資料を増し、遺物の考古学的研究と、炉址と土器をのみねらった、今井氏の方法より一歩前進して竪穴住居址の復原にまで進んだのである。ちなみに今までに発掘された石積炉址が二十五、焚火址が三十、それが一個ずつ一住居址に属するとしたら、その集落の大はただ驚くのほかない。しかも今後なおどれほど発見されるものやら想像に難いのである。この辺は、宮坂英弌氏、「八ケ嶽山麓尖石遺跡発掘の炉の二型式」(『考古学』七ノ一〇号　昭和十一年）にくわしい。

遺跡では、宮坂氏の俳友牧馬会の有志、区長代理その他十数名の方々がすでに、表土をはねて待っていて下さった。それから藤森の知友金森氏が、泉野校から高等科の生徒を引率して応援して下さった。総数三十名発掘にかかった。去る四月二十八日発掘の第一号竪穴は、その石材の位置が村童によって動かされてしまったため、矢島氏の実測によるとして、ただちに第二号と第三号の竪穴へかかった。後藤先生に総指揮をねがい、二号住居址は宮坂、和島両氏と地元の皆さんに、三号は杉原君、神林君をたすけて国学院大学の連中にガンバッてかかってもらった。

傾斜に面した三号住居址は、ぐんぐん床があらわれてきて、長方形に石を積んだ炉址と、それに接近してやや底面より高く小形の筒形土器が横たわっている。ところが、急傾斜に面した壁がどうもみつからない。それに西側の壁も分明しないし、柱穴は思わしくない。

二号は道路に半分かかっているので、半分だが比較的鍬《くわ》がおよんでいないためか、綺麗に床も石のない炉も、柱穴も壁もでてきた。そこで中食。測量は矢島数由氏が担当、写真と記録に私が走りまわる。一同中食前に斜面下の巨岩、尖石を見学に行く。諏訪名物の味噌漬が地元のみなさんからもたらせられ、こちらは杉原君が持ってきた一籠の枇杷《びわ》で応酬、たのしい昼餉《ひるげ》であった。国大の諸君は休みもせずに、しゃにむに第二号住居址へかかって行った。

顔面把手付の大土器をだそうとはりきっているのだがこれは簡単には出そうもない。昨夜、上諏訪で見た一人の芸者が、これこそ縄文式中期における理想的美人だ。つまり顔面把手だというわけで、だいぶ話題に上っていたのだが。

そろそろ昨夜来の疲労がでてくる。遺物はどうも思わしいものがない。わずかに二号住居址に土器一個、三号では筒形土器の外、周溝から細長い打石斧が一本と、遠州式の棒状磨石斧が一本でた。土器は第二号竪穴はチャキチャキの厚手で、加曾利E式に相当するものであるが、三号の方はたしかに退化型であって、若干は時間的相異もあろうと思われる。道路を切り割って二号住居址の北壁をだした。

おやつには白米を食べさせていただいた。これはじつにすばらしい味覚であった。その頃から天候は悪化してきて夕暮近く山はめっきり寒い。三号住居址の西壁にくいこんで、第四号竪穴住居址がでてきた。冷気とともに元気回復、たちまちにして中央の炉址をだして正しく半分を掘ったが、残念ながら切り上げてもらって、まず本日の戦果を大観してみる。

第三号住居址は南の谷傾斜面に向って半円形に近く開き、谷面のみは壁を持たず、石でかこった炉も同様、南に開口する。柱穴は四周にそれぞれ二穴ずつ四個所、中央主柱穴はない。四号は三号と全く同構造、二号は四壁完全で石囲いを持たない炉を中央に、四角に柱穴を有するものであった。

いずれこれらは宮坂氏の報告が出版されるはずである。とくに三と四号の住居址を復原すると、この地方に現行している冬期の穴倉と同一であることは興味深い。一同山をくだる。

藤森・島田・関根・佐野は居残って明日第二号の残部を掘ることとなったが、ひとまず茅野までくだってこの第十七回東京例会を解散したのであった。

（昭一五・六・二九）

六　遠賀川日記

八月十日　雨

下関は雨、深い霧で九州の山々は見えない。朝霧の中で汽笛の音だけがゆきかっている。二隻のタッグボートにひかれた「うすりい丸」がわたしのすぐわきでまわった。

博多の駅には鏡山がでていた。一面識もない二人は一つの目ざしで混乱の駅頭にそれと相識った。県庁に川上市太郎氏をたずね、各方面の挨拶をすます。九大法文科の資料室を見て、藤森は折尾土木監区へ出頭する。博多からバスで折尾まで二時間半、豪雨は自動車をよこざまになぐり、車内は炎熱の蒸風呂であった。道すがらの遠賀川には濁流が渦まいていた。その夜、藤森はひとりで遠賀川駅前花田英一氏宅の二階の本部泊り。この辺には宿屋も貸間もぜんぜんない。鏡山と児島がお百度を踏んでようやくくどき落してくれた家だが、何と怪物屋敷だ。

八時頃、立屋敷遺跡発見者の名和羊一郎と田中之人が来訪、大いに気勢をあげてくれる。両人の帰った後はなにもない二階にひとり残され、消えいるようだった。終夜雨もる。

八月十一日　雨

調査本部を開くべきこの朝、待つほどに前後して集ってきた。杉原荘介・島田暁・坂本経堯・沢井一雄・鏡山猛・岡崎敬・名和羊一郎・田中之人・小沢嘉荘・小沢一彦・高田一夫・柴田保郎、それに大朝の記者二人、合計十五人、大石食堂において朝食をとりながら結成式をおこなう。雨はまだやまない。正午から鏡山、藤森は折尾の土木監区、警察署町役場へ出頭、杉原は全員とともに現場へむかう。

川はこのごろまれな出水で、蘆荻《ろてき》の密生した川床も、ごく一部分の高地を残すのみで、泥流は身丈よりも深い。その水中の高地がすなわち遺跡である。

杉原まず跳び込む。これにひかれて一同はいる。浅瀬を選んで首まで浸りながら、発掘用具・天幕その他を運搬、まず最高地点へ天幕を張り根拠地を作る。新聞記者は驚いて退散。

わずか水上に残された第一地区を試掘、黒色砂層の表土五《セン》《チ》以下四〇《セン》《チ》の、二つの黒色砂の間層をもつ白色砂層に、遠賀川式土器破片のやや磨滅したものがそうとうに包含されている。

それ以下の砂層には土器の包含はない。三時間後、増水はますますはげしくなってきた。とうとう発掘地区にも浸水、退却、もう天幕が不安である。急拠《きゅうきょ》、荷物および遺物をまとめたが、もう堤防にあがるには脊が立たない。みな、立泳ぎやその他で品物を運ぶ、多くは水びたし。第一日はこうして終った。

八月十二日　　雨後晴

朝から曇りときどき細雨、遠賀川へ偵察をだす。駄目。協議の結果発掘を後にし、付近遺跡の調査をさきにすることとなり、まず一同で東筑中学へ行く。朝八時二十三分発、坂本・沢井・島田・名和・岡崎・藤森・杉原・田中の十名。石村一男、篠崎実くる。鏡山は下関要塞司令部へ。

折尾町の東筑中学には石村一男・三友国五郎氏のコレクションがある。立屋敷および、その遠賀川上流の旧底井野村土生・砂山遺跡の土器・石器を実地調査する。早くも従来の遠賀川式として包含されたもののうちに、形式別けされるべきもののあるに気づく。中食は八幡市、それから石村の八幡中学へ行く。この頃より晴れる。ここには石村・岡崎の調査になる八幡市槻田高槻の優秀な弥生式資料群がある。土器の調査を杉原が、石器調査を藤森がそれぞれ指導する。高槻の土器は明かに立屋敷の土器よりは新しい。九州の有紋弥生式土器としてはもっとも発達した形式ではないかと思われた。壺形土器の口唇の発達がことにはなはだしい。それとともにおもしろいのは石器の盛用である。特殊の敲製《こうせい》石斧の製造址と目される資料がいちじるしい。石質は閃緑岩類と思われるが、この地方の諸氏は礫岩に近い砂岩のようにいっている。いづれにしても決定しかねた。本州の弥生式石斧に用いられて例外のない閃緑岩とはことなりいたく粗質で、敲磨《こうま》もあらく、刃はきわめて鈍である、立屋敷においても二三の石器をえた。石庖丁片と打石鏃である。

高槻遺跡は海から隔絶された八幡盆地の周辺の、広い沖積地の台の上にある。

われわれは槻田校の屋上からこれを観察して、石村・岡崎の説明を聞いて、弥生式文化の二段目の階程で、川洲からテラスの上に技術的に登ってきた現象をみた。その間に沢井は遺跡を歩き二本の敲製石斧を採集してきた。

夕刻、一同は名和の自宅で、その採集品について吟味した。それは高槻を中心としたこの地方全般にわたるもので、丹念の踏査による貴重なものであった。北九州における遺跡発見者としての、名和の功績は特筆大書すべきものがある。夕飯は八幡市でともにした。ところが九時半本部へ帰ってふたたび夕飯をとらねばならないこととなった。由来、遠賀川は沿線第一の不便な駅であるとともに、折からの炭坑景気で、われわれの宿泊を引き受けてくれるところがない。森と児島は再三ここに出張して拝み倒して、花田氏方の二階と、大石食堂の食事をたのみこんだので、その心証を害

名和羊一郎さん
九州の考古学，いや日本の弥生式文化研究に大きな道を開いた人。

すれば完全にわれわれは失敗するのである。で、夕飯はまだですとばかりに、強制的に二杯づつ目を白黒させて食べた。大石主人がひじょうに気を良くしたことは事実である。もはや、われわれの慰安と休息は、この大石食堂の白米飯（これは大いに力付けてくれた）と、一皿のお菜（これはうまいということにしていたが、平常では到底しんぼうのできるものではない）のほかは皆無である。

夜、名和羊一郎から借用した遺物の実測で深更にいたる。夜雨、冷える、ふとんは二人一枚当りなので、上に掛けるのなどない。朝になると畳とふとんの中へ入っているものもある。藤森風邪気味、夜、岡本健児くる。

八月十三日　雨

折尾まで行くとまた雨、道路はぬかるみである。直方《のうがた》行のバスへ乗りこむ。例の炭坑景気のためか、乗客は窓にまでぶらさがっている。それがまた川辺の泥濘の仮道路を、アクロバチックな運転をして行って一時間余、直方市上新入に沢井一雄宅を訪れる。坂本・岡崎・沢井・田中・岡本・篠

崎・島田・藤森・杉原・鏡山・児島の十二人。

ここには遠賀川上流の田川郡の資料が豊富に集っている。立屋敷式の遺跡は上流にいって急激に増加する。土器および石器もそれとともに大いに発達し、遺跡は水沢よりは広いテラスの上に発展する。沢井の尽力によって遠賀川系の土器の地名表を作成する。重要なものである。田川郡伊田町下伊田の遺跡は、高槻を遠賀川系の土器の極大に達したものとすると、これはその極美のもので、彩文土器もくわわっている。土器の各形態からいうと、口縁部は壺形・鉢形ともに立屋敷のものが簡粗で、外展することはすくない。下伊田や高槻にいたると、これがしだいに部厚く外展して、いろいろな変化とともに飾られる。胴部の最大幅は立屋敷がもっとも大で、もっとも下位にある。以降しだいに丈高になるようである。三者ともにあきらかに高坏をともなった例はない。

中食は沢井夫人の御心尽に甘えた。直方からバスで鞍手郡の所謂、貝島炭坑地区へはいる、いたるところ炭坑のボテ山（間層の岩石・亜炭・硅化木を捨てたピラミッド形の巨大な人造山）が散見する。街村には人々があふれ、曖昧屋の多いのが目につく。ここでわれわれはいまはなき学界の奇人清賀義勇氏のお宅を若宮村福丸にたずねる。この故人の学的熱情と純粋さは、その徹底的な奇行とともに、いずれ誰かが書き留めてくれるであろうが、伝え聞くに、故人は着物というものを持たなかったという、家業よりも生きることの純粋さを、生きることより、学に対する純粋性を願って終始した。

その踏査は北九州でゆかないところはなく、たとえば立屋敷のみでも八十何回というふうで、出水のある毎に、幾里かの峠路を自転車でいって、濁流の遠賀川にとび込み、腰に桶《おけ》をつけ潜水して、底の洗われた土器を採集したものだそうである。それだけに資料は山積して、幸いに整理完備しているので、すべてが好資料である。藤森が石器、杉原が土器、坂本が写真にまわって一同協力調査する。雨の後の炎熱、心づくしの洗濯石鹼のような大きなアイスケーキのすばらしかったことは、この調査の後々までの話の種となった。

故人の一周忌には、石村・児島等が土地の有志に相はかって、故人の追悼供養をささげた由であるが、美しい学の心と思う。資料図集刊行の計画も進められているが、中央の学界が地方の学究の生々しい情熱を知るとしたら、かかる挙にこそ絶大の協力を寄せるべきである。それにしてもこの方面における石村の指導的功績は偉とさるべきである。

高田よりバスで千石越を越える。豪雨が峠を境に降りわけている。鞍手郡では道路がかわいていたが、嘉穂郡へ入ると物すごい泥濘がなまなましい。頂に近く白堊紀の赤褐色凝灰岩の露頭がある。ここは立岩を中心に石庖丁の原石を北九州全般に供給したものと思われる。日暮れて飯塚市にはいる。今まで家事で不参加だった森が参加。鹿島屋旅館に一泊、藤森の風邪はっきりせず、久し振りでふとんを着て寝るのでみな床の中でウンウンうなっている。

八月十四日　晴

高山英彦参加、ほかのメンバーは前日に同じ。早朝、飯塚市役所見学、飯塚市立岩遺跡発掘の、とくに石器において優秀な弥生式遺物を実地調査した。さらに嘉穂中学にいたって古く平井武夫氏から新しく森・児島の苦心調査した各遺跡について、森・児島の説明を聞いた。特にも立岩の諸遺跡の研究は、鏡山・森の担当した博多比恵の調査とともに、日本の弥生式遺跡の調査研究の最近の最大な収穫の一つである。立岩のグラウンド・甘木山・高尾山・測候所・下方の諸地点は、いずれも遠賀川系の土器以降須玖式を主として各型式を混在している。いまは何とも不明であるが、しいて類似を求めれば高槻によくにているが、高槻に比して石斧がすくない。石庖丁・クリス形石剣・鉄剣形石剣・石戈は、それぞれ原石より製作過程をしめす全資料をだしており、立屋敷以降に発達した北九州弥生式の石器工房の発達と頒布網の確立を思わせる。しかもそれが石斧であり、これが石庖丁その他であることもおもしろい。

中食は森・児島の心づくしで一同快談、さらに実地調査に移り、まず鶴三緒《つるみお》へ行った。川床の地に近い赤土の台地の崖鼻近くに、幅一メートル半、深さ一メートル位のピットの群集である。調査されたもののみでも二十八個、底に土器片や、木材木炭焼灰を残した一種の焼穴である。目下調査中であるが、名

遠賀川第２地区ピットの層位状態
第２層までもう水がたまっている。

和は穀倉説を強調しているが、森はむしろ窯跡と考えているようである。土器は無紋の立岩に近い形状のものを主とする。もしこれが、土器窯とするなら、石器の工房と同時に土器の工房の発展もまた考えられて差支えない。立岩でも各地点を踏査、杉原は石剣・石庖丁・石斧片を採集した。夜は一路遠賀川へ帰る。

　バスの中で杉原が口づさむ遊子旅情の一節、名も知らぬ遠き島より流れ寄る椰子の実一つ、故郷の岸を離れてなれはそも波に幾月。夕飯九時半。

　やれやれ家に帰ったなどと歎息するものもある。留守に乙益重隆と赤間太郎が来ていた。藤森は弱り、蚊帳にくるまって一度さきに寝たが、杉原に起されてこの日記を書く。毎日の調査資料の検討は、夜毎だったが、今夜は一時ごろまでやったらしい。

八月十五日　炎暑

三時ごろ物すごい驟雨《しゅうう》で眼がさめる。だれかがため息をついて寝がえりをうった。隣室で、雨よ降れ降れ遺跡を流すまで、と小さな声がきこえる。ため息、また寝た。

朝、雨があがるとともに北九州らしい暑さがやってきた。もう調査日程もなかば過ぎた。出水の多少にかかわらず断乎調査にかからねばならない。杉原は下関要塞司令部へ出頭する。現地班は濁水をわたって洲へ、二手に別れて、A班は新池の断面に現れた粘土層の住居址探索に、B班は第一地点に近くさらに砂層中へ第二発掘地点を定め、砂層遺物の本体をつくることになった。

浮羽高女の田中幸夫来援、立屋敷遺跡に関する一権威である。泥だらけになって指導する。新池において立屋敷をだした確証はだんだん稀薄となる。新池の付近は身丈をはるかに越す蘆荻で、なかに作業するものは付近はおろか高い堤防の上からでも見ることはできない。足下は浸水と泥土である。面倒なりと一同新池へとび込んで水中から岸の断面をさぐる。いくつかの間層を持った砂層の下に、最干潮の汀線に近く、表土から一メートル半で有望な粘土層が見え土器の多くが観取される。これを仮に第一粘土層と称しておこう。みな協議の上、その層のもっとも厚い第五地点を掘ることに決した。ここで中食、近くに住われる折尾高女の尾上きぬ教諭が応援される。氏の厚意で以降中食のお世話をお願いする。第二地点は第一地点とひとしく、若干の有紋土器片が最上層に包含されていたので、それ以下はまったく有機層にはあたらなかった。

午後は第五地点に全力をそそいだ。潮はしだいに引いてきたが、排水はまだ一瞬も休めない。第一粘土層はその全面をあらわしてきた。土器は遠賀川系とは似ても似つかない、すくなくも須玖式以降の土器群である。丈の高い粗製の高坏が多い。土器は相当にあるが、炎暑にやきつけられて、第一層で切上げる。帰路、乙益重隆大きな蟹に指をはさまれて悲鳴をあげる。森・児島・乙益は飯塚へ帰る。

夜、私服の駐在が大いに酩酊してぐざりこむ。土間に立ったまま九時頃より十一時近くまで説教、藤森がすみませんの唯一手。要するに折尾本署のみで駐在所へ仁義をきらなかったことが悪かった。一同疲れて寝る。本日参加人員、乙益・森・田中幸夫・岡崎・高山・鏡山・児島・赤間・島田・篠崎・岡本・杉原・藤森・尾上きぬの十五名。

八月十六日　晴、時々雨

藤森は下関要塞司令部へ、調査隊は早朝七時から、第五地点第一粘土層を取りあげにかかる。第一層底に付着して完型石庖丁および破片、大型石器・円石・錘石等がでてくる。石庖丁は半月形の原始型のチャキチャキ、四孔を穿つものである。この二〇センチの暗灰ないし青色有機粘土層をはぎ、三〇センチで青色有機砂層から第二包含層が現れていろいろの木製品や土器がでてきた。この層の土器は黒色の硬焼きの土器で、一種の櫛目をともなう、明確に第一層の土器より古い。だが、目的の立屋敷式のベッドにはほど遠い。夕暮で、完形土器の二個のみ取り上げる。

現地で一同協議ボーリングの結果はなお確実に一五〇は無機白砂層で、包含層、すなわち立屋敷式のベッドがあろうとは思われない。事実、旺盛な掘手である島田・赤間以下がすっかりあきらめてしまっているのだ。ただ坂本一人は絶対にこの下にあるとして譲らない。

夜、七田来る。佐賀の丸ボーロ土産、一週間目に見る糖分とてたちまちたいらげる。また杉原夫人から慰問品つく。夜また発掘協議十二時半にいたる。本日、鏡山・岡崎・高山・坂本・島田・篠崎・岡本・七田・藤森・尾上きぬの十二名参加。

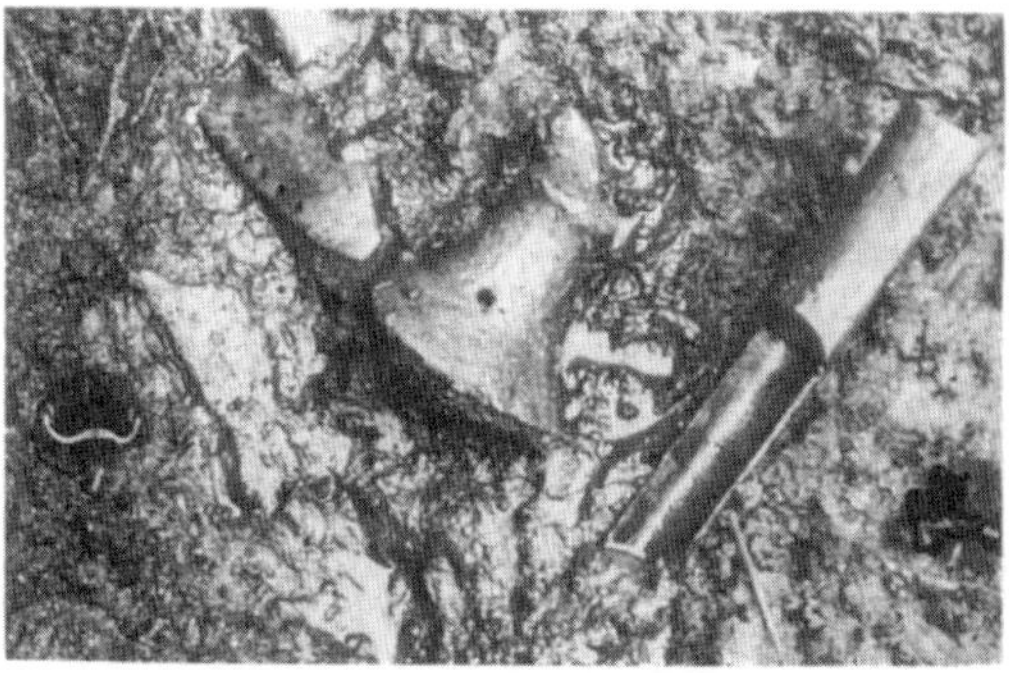

新池の水巻町土層
四ツ穴の半月形庖丁や高坏の脚がみえる。杉原氏写す。

八月十七日　晴

名和が早朝から来て起してまわる。名和は務めがあるので毎日はみえないが、発掘のうち中、大いに興奮して、夜も落ちつかぬらしい。毎日長文の手紙を寄せて助言する。返事をおこたるとカンカンに怒る。夜は誰かが名和にその日の返事を書くのに大難儀である。その情熱や佳し。ただし、だんだん発掘の結果をたずねると、新池で立屋敷式の出たことは曖昧となる。われわれはいったい立屋敷式のベースをどこに求めて掘ったらいいのか。もう発掘はあますこと三日だ。

七時出発、小林久雄・小林麟也・丹辺丹次郎・岡崎俊雄・古野勲・土山公也・沢井一雄・清賀義人・佐野大和・立屋敷区長入江七蔵・同安雄・尾上久吾の諸新鋭が大挙来援、最大人員二十四名、元気回復。二手に別れて、一隊は七田が選定して砂地の第三地点を究め、ほかの一隊は第五地区をさらに追究することとなった。第五地区は一層・二層の遺物層を完全に取り上げて、さらに掘り下げていったが、湧水はなはだしく砂土のため掘っただけは流入する始末、午前中の苦闘にもかかわらずわずか一〇チセンより進まない。杉原は坑の中にガンバッて、しきりに水面下の砂の中に腕をつっこんで一片の有紋土器片でもあったらとあせったが、これもむなしかった。

第三地区の砂地は表土・第一砂層に二、三の土器片を認めただけで、以下は二メートル半に至るもまったくの無機砂層で、これでたしかに砂地帯はごく新しい更堆積であることがわかってきた。われわれは新池の第五地区の発掘で、立屋敷式以外の二つのベッドと二つの形式の土器を知った。だがこの新池が古老のいうごとく、遠賀川の本流の直線にかかるために、洪水によって細長く浚渫《しゅんせつ》されたものとして、そこから吹き上げられた砂地の再堆積に、なぜ第一層・第二層の土器が皆無で、新池にない立屋敷式のみを包含しているのであろうか。これは今まで幾度かの協議においても、結局いきあたる障壁であった。新池の吹き上げでなければ砂地の古い有紋土器片は一体どこからきたか。

ところがわれわれは驚ろくべき、またじつに当然な事実に驚倒した。一層および二層の新しい土器様式を、かくも確然たる層位の下に見せられてみると、単純として夢にも疑うことのできなかった砂地の土器片は、始めから第一層・第二層、さらに立屋敷式の三様式の土器を混在していたのである。ああ、われらまた、愚かにも先入主観の虜《とりこ》たり。そうだ、砂地帯は新池という地区の三つの全文化層が洪水によって吹き上げられた二次堆積なのだ。このわかりきった事実がいろいろの先入主観のため覆れてしまったのだ。思えば考古学の発掘は一篇の探偵小説にも似る。行こう、第五地点の下には、かならず立屋敷式があるぞ、みんなはこれに元気づいて、日暮れ、蘆荻《ろてき》を分けて第五地点へ達してみたら、土砂と差潮はほとんど二日前のこの地点と同様に坑を埋めてしまっていた。

夜は小林将来の熊本名菓、彦シャンアメをかこんで、北九州の弥生式文化を中心とした座談会、十二時にいたる。

八月十八日　　晴暑

発掘は今日中に仕上げねばならない。われわれは、まだ肝心な目的の遠賀川系ないし立屋敷式のベースについてはまったく知るところがないのだ。

一同悲壮の色で宿をでる。鹿児島よりはるばるの寺師見国・石村一男・尾上滝太郎・田中之人・山本通・森貞次郎・水巻町町長来援、総員二十名。炎熱は朝から川原の砂を焼き、スコップを持つ人々をやき、終日、のみ水の給与にあたってくれた尾上久吾君も水運びにおおわらわである。まず新池の池尻に、第四地点を定めて、四たび、砂層地帯の再吟味にかかった。スコップを二隊に別けて交代で掘る。この相当面積の発掘もついに表土近い洪水砂層中にのみ遺物を認め、三形式の土器が雑然と確在するほか、ビールビンの破片がでてくる始末。これで、砂地一帯の散布地は、確実に極く新しい洪水によって、新池の底から吹きあげたものであることを確めた。新池の底には確かに立屋敷式のベースがあるのだ。幾度かの失敗にめげず、鏡山・坂本・藤森は新池の泥水にはいって底を確かめようとしたが、これは前例におなじ。潜水して見ても、一メートル以上の泥土のごく新しい堆積があって、砂土にはいかにしても触れることすらできない。尾上の心配したポンプもこの池の大きさ、現下の燃料ではいかんともしがたい。

仕方ない。いま一度あきらめた第五地点へ帰ろう。流入の砂土を防ぐため、尾上の厚意によってたくさんの建築用材を運んで、井桁を組み、砂土流入を防いで深く掘ることとした。中食後の沼沢の中の木材の運搬は、人々を極度の疲労に追いこんだ。藤森は泥土に足をすくわれて、木材もろとも泥の中に首までつかった。午後のすごい発掘が始まる。発掘坑は高潮のため、もともと近く埋められている。夕刻までが干潮で、それまでに第三包含層の土器一片にでもあたらなかったら、われわれの機会はふたたびこない。

スコップ組・バケツ組・杭打組・井桁組・木材整理に別れて、猛然最後の突撃、赤間・島田・岡本・岡崎・高山らの猛者が本領発揮、へばっていた乙益も回復、篠崎は負傷、十七日五時半に到達した一メートル八〇まではたちまち、これで新池の干潮時水面に達した。新池の水中ボーリングによれば、新池底も水面より確実に二メートルはある。いまわれわれはついに敗れるのであろうか、湧水は激しく、二段の井桁は発掘面積をしだいにせばめ、杭の不足から砂土の流入は完全に防げない。われわれはようやく疲れた。二メートル二〇、周囲の土砂が崩落《ほうらく》しはじめる。二メートル五〇、方法はまったくつきた。ボーリングはなお一メートルの間まったく無機砂層であることを示している。島田も赤間も坑から上ってしまった。杉原と藤森は伸びた髯を水に漬けて、できるだけ腕を砂の中につき入れかきまわし、ただ一片の立屋敷式土器片でも獲んとしたが、あがるものはすべて崩落した第一層・第二層の土器のみでむなしいあきらめに過ぎなかった。敗退。もはや、いかなる方法も立屋敷式のベース探究のためには残されていない。衆議の上、井桁をぬいた。

ひたひたと満ちてきた潮は、土砂と荻で築いた防水堤をたたいて、みるみる水があふれてくる。

沢井が最初の一塊の土を投じた。みな汗と泥まみれの顔を無念にゆがめつつ一すくいづつ坑を埋める。だれもかれも黙々と水面に描かれる落土の波紋を見つめている。坂本が川原ごぼうの花をとってきて投げいれた。やがてその白い花も土にまみれて見えなくなった。十日の苦闘と遠い遠征と、杉原も藤森も、この発掘の準備以来走りまわった鏡山も森も児島も、みな自分の発掘であり研究であった参加全員も、いまはただわれわれのアルバイトの終止付を熱い眼で惜んでいる。

八月十九日　晴

景観写真と現地実測。伊東等来援。参加人員、石村・名和・森・鏡山・坂本・藤森・杉原・篠崎・岡本・赤間・島田・岡崎・高山の十四名。後始末完了。杉原は諸支払に、鏡山・藤森は諸方面に礼まわり。夜は石村の心づくしのビールに元気を得て荷造りもまた完了。

八月二十日　晴

朝九時、一同、九大見学と解団の夕べを持つため福岡へ発つ。藤森は自転車で立屋敷へ別れにいく。川は恰も弥生式人のその当時もそうであったように、きょうもまたひたひたと潮は逆《さか》み流れ、やがてあの遺跡の辺までも水中に没するだろう。さよなら遠賀川よ。懐しい北九州の同志よ。

（昭一五・八・二三）

七　小沢半堂のこと

さて、いつ頃、どこの生れでござりませうか、明治も初めの頃、信州上諏訪の町に小沢半堂、名は広太郎と申す男がござりました。

若い頃、江戸で洋画を修業致しまして、ついには天晴れ画家を志ざしたものでござりませうが、私も二点ほど、その作画を見て居りますが、とてもそんな大そうな画とは思われませなんだ。そんなことで、やむをえず手先の器用さから、判《はん》ほりなど始めたものでござりませう。渡世ははんこ屋でござりましたが、ことのほか石器、土器のことにあかるく、後、坪井正五郎博士と親交がありまして、博士もその見識にはなみなみならぬものを認められ、常にめでられたもののようですが、いけぬものでござりまする、その後、酒と学びの病とがこうじ、家業をかへり見ませぬため、その暮し様は見るもむごたらしく、あさましさの限りで、妻子はたへず好古の業病をのろうて居たようで

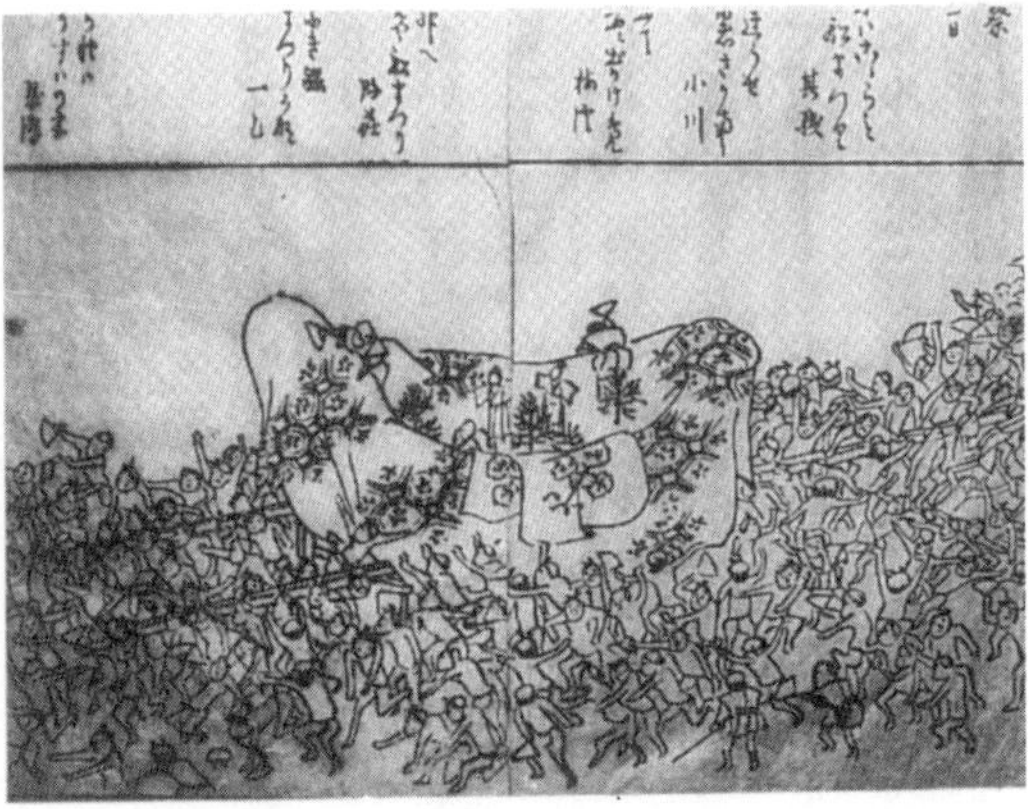

小沢半堂の作品
諏訪大社例年祭お船祭の紹介。(絵本『諏訪土産』より)

ござります。風態なども、当時、町びとの笑ひの種であったのですから、相当なものであったに違ひござりませぬ。

一度などは長地村と申しますこの町より三里程離れましたところで、夜ふけて半堂が警官につかまりました。大きな風呂敷包をうんさ担うて居りましたので、怪しまれたものに相違ござりませぬが、遠く伊那郡からの採集の帰りで、勿論、石くれや瓦かけで、一杯でござりました。どう辯解しても聞き入れられず、精神病者としてたうとう一夜留置された等と申す話しもござります。また酔ひますれば談論風発、よく町辻などで何やら怒鳴り散らす事など珍らしくなかったそうで、井戸の蛙のたとへにもれず、おおそれた身の程知らずの奴でござりますが、博士さへ坪井、坪井と呼び捨てにして、大したものを書き上げると云った風な言葉をたへず口ばしってゐたさうでござりまする。

しかし半堂は今様な言葉で、学的良心の強い男とでも申しませうか、山野跋渉致らざるなく、採集資料はこくめいに記録いたし、その論考の様なものも書きためられたものが、山なして居ったとの事でございます。本も随分読みましたもので半堂の大きな悩みは、酒屋と私の父の小さな店の払ひにございました。あ、申し遅れましたが、当時、私の父はこの町でささやかな書肆《しょし》を営んで居りましたのでございます。

また今時の学者風と比べますと、半堂は確かに変な学者でございました。

開墾地などの出土、自分の発掘採集等で集まった資料は、その日のうちに筆写いたし、遺物はなんの惜気もなく、売り払ってしまふのでございます。父なども勘定の取れませぬ余り、大分引き取りましたもののようですが、商人の悲しさ、何が何やら解らず、店先きへもならべて売ったものださうでございまする。

この店頭こそ今にしても見られませぬ珍奇な風景であった事でございませう。定価は凡て半堂がつけましたもので、その仕切りがき風なものの遺存したうちから面白いものを二つ三つ拾ひますと、

一、ソネ石やじり（脚有り）　十個二十銭

一、同　（脚無し）二十個二十銭

諏訪湖底ソネ遺跡に就ては最も注意し実査もしましたものでございませうか、品物はその後もこのたぐいが一番多いのでございます。また、石小刀壱個、二十銭位、縦刃は横刃より高く売られた

し、こんなのもござりますので、石小刀、その名前も恐らく今日の石匙や、古来の天狗の飯匙の類よりは、遙かにうがった謂ひ方ではござりませぬか。

また、半堂が既に盛んに土器に注意して居ったのは面白いことで、

一、波紋土器破損せしもの（この式のもの中々に得難し）　四十銭

一、渦紋土器破損せざるもの（同様なもの数個あり少々は安くも可）　一円

これで見ますと石器より土器の方が割高の様でござります。それに波紋土器、渦紋土器の如きは、今日の弥生式土器、縄文式土器でせうか、その分類の体系は知れませぬまでも、とにかく、その注意力は非凡であったものと申すべきでござりませう。がしかし、土器は如何とも売れませなんだ。つい近頃までどこやらごろごろ致して居たものでござります。石器は大へん売れ行が良く、ふいんらいんど辺の宣教師でさあらいねんが先づ一等のとくゐでござりました。この人はその後も、この町に住みこの町で終ったものでござりますが、採集品も多く、遺稿も多くござりました。其の他、二人程大買ひの客があったとのことで、お二人とも名刺は残されませんでござりまするが、一人がN・いいGもんろう、一人が神田孝平さんであらうと云ふのが、私の想像でござりまする。

それにしても、世にも憐れを極めたのは、半堂の世の終りでござりました。むろん、貧窮のこともござりませうが、私の申すのは永遠の生命の消滅でござりまする。中風の様な病で半身不随とな

りましてから、坪井先生が永い文通のよしみに、一度半堂の宅を訪ねたさうでござりますが、終に目をそむけられてか、そのまま帰られたそうでござりまする。掛取りなど参りますれば、何も申しませぬままにねめつけて、はては悪罵の限りでござりました。その様は常のこととは思はれませず、町びとは誰一人あいてにいたすものもなく、狂人よとののしりあうさまでござりましたが、妻子はことの外憐れまれ、誰一人悪様に申すものとてもござりませなんだ。二人の子供が徳利をさげてつくり酒店の前に立ったり、妻が米屋のめぐみを受ける事は、一再ではなかったそうでござりまする。父も盆暮には訪ねたりいたすのでしたが、いえ、もちろん、よい用件であらう筈がござりませぬが、半堂はそのころ、せっせと何やら版木など刻んで居りましたそうでござります。父は半堂も葬式かせぎに働くのだろうと笑って居りました。

もう晩秋でござりました。一度などは、西の縁側から燃える様な赤い夕日の残影が小屋一杯にさし込んだ中で、もう薄暗かったものですが、灯もなく、きたな気な座敷の隅には、丸太の様に半堂が酔ひ呆けてころがって居り、二人の子供は縁先きで芋を噛って居りました。火ぢろには夕飯をかしぐ気色も見えなんだが、妻女が何やら興奮しながら、口でぶつぶつ唱へ、めったやたらに取ってはくべ取ってはくべ、山の様なほぐ紙を燃やして居りましたのでござりまするが、その火に赤く燃え上った妻女の顔の凄かった事、老ひた父が、四十年もの思ひ出にも鮮明に焼きつけられてゐるのですから、そのしいんの印象的であったことは格別だったに相違ございません。

それから僅かして半堂は死にました。中風衝心と申しますから、いずれいまの心臓麻痺か脳溢血のような死様だったに相違ございませぬ。然し、本当の半堂の生命は、あの晩秋の真赤な夕陽のなかで、妻女の煉獄の様な呪咀のうちに、一枚やかれ二枚やかれして、やけ死んでしまったのでござりませう。今に至りますまで、最早、半世紀余り、上諏訪町の老人達の物笑ひの種は、第一に、この不遇の先覚者、半堂の一生にほかならないのでございました。

それからでございまする、妻女は良く辛抱いたしたと申しますので、世の同情厚く、他へ再縁いたしたさうで、子供達は、左様、いま働き盛りでございませうが、どうして居りますやら、これまたさぞ、父、半堂を呪うて居るでございませう。

ああ、左様左様、一つ書き落した事がございまする。半堂の死後、父は何やらに編笠のつもりか、彼の版木を大方取りまとめて参りました。当時、そんな訳のわからぬ版木をかへり見る人はありませなんだに相違ございませぬ。確かに、私が小学校へ参るころには未だ沢山あって、風景や、地図や、石器や、土器の画がえっちんぐ風な細い刀で丹念に刻まれて居ったかと記憶いたして居りますが、この頃、私はせめてもの彼の追善にもと、倉の内くまなく捜しましたが、とうとう一つもござりませなんだ。父の話では、もう、とうに大方かまどの灰になりおはったのじゃろうと申すのでござりました。

（昭一〇・八・二五）

八　あの頃の考古学
——弥生式土器集成図録を中心に——

そうだ、私が奈良公園の茶飯屋の居候みたいになっていた頃だから、たしかに昭和八年春に相違ない。

当時、一面識もなかった神戸の小林行雄君にあってくれとハガキをだした。そのころ、私はもう考古学にはあきあきしていたし、どうして小林君にあおうとおもったか、いま考えてみると不思議でならない。すると折返して小林君から返事があって、神戸三ノ宮の駅に何日何時待つ。私は雑誌『考古学』を持っているからそれを見当にといった文面だった。その日はあいにく私が阪神と阪急との区別がつかず、だいぶ時間におくれたすえ、さあどっちの三ノ宮だったか忘れたが、高い中二階みたいなところからプラットホームをみおろすと、あの雑誌をもった青年がカツカツと軽い白靴

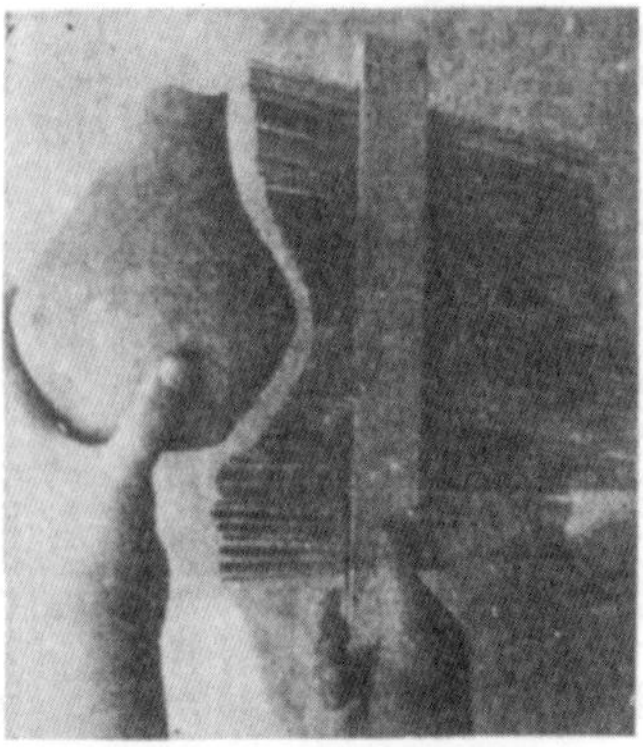

竹ヒゴで作った土器実測器

縄文式土器が主として施文の研究の上に立脚したのにはんして，弥生式土器が微妙な器形の変化から生活文化に切りこんでいけたのはこの道具のおかげである。

を鳴らして歩いていた。いまおもえばグレイの夏服にストローハットの思ひもよらぬ瀟洒《しょうしゃ》な、白皙《はくせき》よく、詩人啄木の面影を偲ばせる青年であった。

　小林君の家はたしか、夢野の丸山公園の近くの高台の上で、窓からいっぱいに神戸の港が見えた。美しい異国の船が、秋のすんだ空気のなかにながい汽笛の音をたててゆきかっていた。小林君はそのとき、いろいろと弥生式土器やその拓本実測などを見せてくれたが、私にはわからなかったし、第一興味もなかったので、窓の下の赤や黒のいろいろの、山国生まれの私にはおよそ夢幻的な船の浮んだ波止場の海の方が気にかかって、そのときはまったく上の空でなにも記憶には残っていないが、ただ一つ、最後に、妙な竹のヒゴをきりそろえた大きな櫛のような代物を取りだして、これが私の専売特許の土器実測器ですと、口をまげて笑いながら見せてくれた。考えて見ると、あの実測器が「弥生式土器集成図録」の生みの親であり、それから弥生式文化のさまざまな生活様相を割りだしたまことに忘れることのできない殊勲者であった。

　そんな本格的な学問の刺激がいたく私を興奮させたものであろう。それから、私は東京へいって森本六爾氏の宅や図書館に毎日ごろごろしていた。そして、間もなく小林君も出京してきた。その頃は、森本さんと小林兄との弥生式大論戦時代であったとおもう。私も大抵は夜おそくまでつきあっていたものだが、その頃はなにも疑わなかった信濃の立派な縄文式土器をつかまえて、その壺の器型から、藤森さんこれは弥生式ではありませんかなどとやらかすので、まったくばかされているようで、ただ驚いてしどろもどろしていたものだった。弥生式論戦は結局のところ、森本さんも、小林君の例の武器による器型論にいたると、なんとも歯が立たないものらしかった。早速、竹ヒゴの実測器が一つ森本さんのために作られた。

燈火管制下の夜は雨戸をたてこんで、四隣に音もない闇のなかへ私の部屋も沈んでいて、それでなくとも思いは深く深く冴えてゆく秋の夜だ。私は滅燭した電燈の下で夜のふけるまで、古い雑誌をくってその頃の記事を、あれこれとひろってみた。発表されたものによれば小林君の弥生式土器実測器は、昭和五年から昭和六年暮まで、三度にわたって発表された「弥生式土器に於ける櫛目式文様の研究」頃から活動を始めている。この論考は大いに文化史的な方法を持った作品であって、およそ、それまでの考古学者のあまり意図したことのない大胆かつ乱暴なものであった。彼自身があの頃、ときどき、私は西は姫路、東は大和よりでたことはありませんと語ったことを思い出すが、それもつまりは、彼自身が初期において、従来の考古学的教養をこおむっていなかったことに起因するのであろうが、たしかに、無意識のうちにも、物を見る学問より物を感知する学問へ一歩進んでいたのである。多く見ることはかならずしも誇り得ることではない。見ることは節穴も可能である。要はその視神経の正確さ、復原力や教養力の鋭さによるものなのだ。破片の土器、それもデスペレートな施紋すらない土器、こうした縄文式土器にみなれている人々には、ながいこと想像すらおよばなかった土器に代表される一文化の単方向的な流れが、はやくも櫛目式土器の流れを感知した余勢をかって、彼の頭のなかには組みたてられつつあった。例えていうなら、堅陣のように見えた考古学の布陣の、まったく意表をぬく挺身隊でもあった。

六年四月、渡欧した森本さんが、パリで遠く日本の考古学を客観し、およそ得るところなかった西欧の、埋れた礎石がながい時の圧力で飴色《あめいろ》に変質するまでに深い堆積である古生物学ないし地質学的なプレ・ヒストリック・エイジのクロノロジーに比較して、つくづくと人間であり社会であり歴史であった、この島国の考古学の正しき動向をば示唆され、釈然となって、七年の二月には帰朝してきた。そして森本さんの言葉をかりていうなら、観客のない舞台の、その一番近い席に観客として深い眼をすえ、この舞台、ひとりよがりの考古学をまず人の歴史としての考古学にたてなおそうと試みたのであった。それが雑誌『考古学』三巻のところどころに散見するさまざまの計画であ

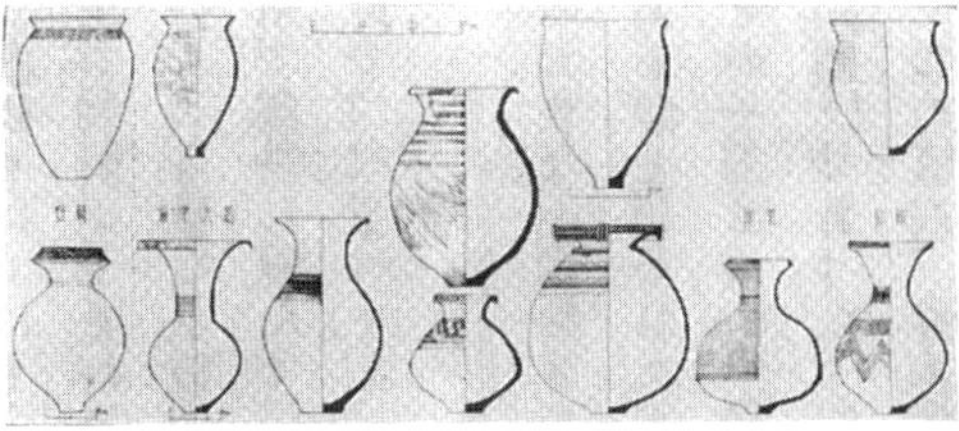

弥生式土器実測図

小林行雄さんが最初に発表されたものの一枚。

って、それは残念ながら未着手に終ったいくつかもあったが、なおその開拓期の苦悩をもつきやぶって、勢よく成長していった一つの幹枝があった。すなわち、「弥生式土器集成図録」の完成である。前にもいった野にはなたれた二人の学究が、学ぶ心によって、ぴったりと結ばれたことは、まことに自然ななりゆきであった。こうして、小林君をえた森本さんの弥生式文化闡明《せんめい》の希望は、昭和七年九月『考古学』三ノ四号の編者言「弥生式土器集成図と遺跡地名表」なるイニシアテイブとなり、弥生式集成図の計画はすでにそのとき武蔵相模の部がまず発表されて、百尺竿頭《ひやくせきかんとう》の一歩が進められたのであった。

ついで七年十月の『考古学』三ノ五号には、小林君の「播磨吉田史前遺跡の研究」が直良氏と共著で発表され、一つの遺跡に執拗に沈思した彼が、その遺跡の土器のあり方に、クロノロジイでは理解できない大きな不思議に遭遇しておどろきを新たにした。美しく飾られた土器と、似てもにつかない素紋の粗末な雑器、もちろんこれにも彼一流の緻《ち》密な観察が、あの櫛歯状の実測器とともにはいまわった結果、すくなくも一つの文化は、二つの土器の複合体であり得ることをうすうす知ったのであった。これはじつに日本史前遺跡が正しい意味で文化として、編成される第一歩であった。さらに吉田の土器を中心にして、姫路千代田町その他の播磨の土器の若干から、あの櫛目式土器の流れより、時間的にさらに奥に、もっと、より創原的な弥生式土器の流れがひそんでいるのを知って、眼をらんらんと、はるか西、北九州の遠賀川流域に転じた。

とにもかくにも、昭和八年の秋から九年初夏にかけての短いひとときは、日本考古学において純正の判断が下されるなら、もっとも記念されるべきときであった。たたえるべき業績は、いくつもいくつも重なりあって世にでた。北九州における中山博士ほかの諸氏が、単一体の複合であった九州で解決し悩んでいた有紋土器の探究が、むしろ挾雑相の単一遺跡で苦しんできた小林君の頭のなかで、べりべりと、電撃をとばせて発展していた。

つぎの年の八年秋九月、私の奈良から出京の後を猛然と上京してきた小林君は、すでにいくつもの大きな土産物をぶら下げていた。一つは私が二人の論戦時代だといった当面の問題作、一抱へもあるかと思われた大作「遠賀川式土器の研究」で、これはついぞ発表されずに過ぎてしまったが、その一部はついで発表された「一つの伝播形態」の論考であり、一つは「先史考古学に於ける様式問題」であった。同時に、集成図集のプレートのうち、畿内遠賀川式土器の部の二枚が発表された。

この直前、森本さんの生涯の一番大きな収穫をもたらした忘れることのできない旅行がある。八年夏、帰朝の挨拶をかねた研究旅行を、ミツギ夫人と同伴で、大和から福岡へ試みられた。そして、北九州では遠賀川流域の立屋敷・城ノ越貝塚を掘り、大和では弥生式の高地遺跡と低地遺跡についてつぶさに再検討をくわえた末、森本さんの業績の最大なるもの『日本原始農業』の端緒をえた。日本原始農業の着目はすでに昭和八年二月であったが、よく端緒についたのはこの時であった。帰京されると、森本さんは人類学会に招かれて、一日講演におもむかれた。これこそ一つの学問の重要なる発展の過程である。それが学問の完成の報告よりも、さらに重大な意義を持つことはいうまでもない。いまは知る人もすくないあの日のことだ、できるだけ精細に書きとめておこうと、私はおもう。

忘れもしない昭和八年十月二十日、私はよれよれの袷衣《あわせ》一枚で、渋谷羽沢の森本さんの宅の門をまたいだ。ちょうど、氏は玄関をでるところで、これから人類学教室へいくから一緒にゆこうと、私が何一ついわないうちに連れだって通りへでた。森本さんは黒いダブルの背広に茶のベロアの帽子をのっけ、心持ち左肩をあげて、カツカツとフレンチ型の靴を舗道にならしつつ、高樹町の角まででくると、おもむろに眉をいからせ、ステッキをあげてタキシをとめ、浩然《こうぜん》と赤門と命じた。車のなかでは矢つぎばやに、大和の低地遺跡と高地遺跡の対比、それから、古い平地の弥生式遺跡から、新しい高地弥生式遺跡へとしだいにはいあがっていく原始農業集落の様相を論じられるのだったが、突然の私には、まさに出合頭に機関銃でひっぱたかれるおもいがあった。私はそっと顔をまげて、窓の外の風のように流れていく街々をぼんやり眺めて、そしてまず食うことだとひたすらおもい、仕事の世話をたのみに森本さんを訪れたのだと、この赤門行きを迷惑気に思ったりしていたが、森本さんは委細《いさい》かまわずぐっと正面をにらまへ、ときどき眼鏡をすり上げながらステッキを握りしめて話し続けていた。

古い赤煉瓦の教室の控室で、氏の後から私も入っていったが、そこはおよそ私にはいづらいところであった。後からおもうと開会の辞をされた頭髪のぺちゃんこの色の白い人が須田氏で、小さな頭髪のうすい一番さきに森本さんに話しかけた人が大場磐雄氏であった。着流しの私は、そっと控室をぬけて、講義室のなかをガタビシャちびった下駄を鳴らしながら、おずおずと一番うしろの席に腰をおろした。

森本さんの話は上手ではなかった。弱いふくみ声で、黒板の大和盆地の略図をつつきながら、早口でのべたてる様子はむしろ下手中の下手であった。がしかし長髪をかきあげつつ語る原始農業の問題は、最初何度も、すくなくも大和盆地における高地遺跡と低地遺跡の場合にのみと限定されて話されていたのであるが、しだいに自身も興奮してきて、私はこうしてお話しているうちに、しだいに私の所論の発展してきて止めることができないのを感じるというのであった。この話は、考古学者のなかにあってむしろ邪道視した反感のほか、大した共鳴はなかったようであったが、たしかにすくなくも二人はこの話に驚喜した。一人は講壇のすぐ下に、小さな机に膝を折りまげ、鷺のようなかっこうをして聞いていた、死んだ人文地理の佐々木彦一郎氏であった。頓狂な声をはりあげて「これはすばらしい、とてもすばらしい」と、なにか酔っぱらった時にわめくようにのっそり立ちあがって質問したり讃えたりしていた。いま一人は一番後席で、セル張りの下駄をいっぱいに足《あし》膏《あぶら》で滑らせながら、ついには爪を嚙んで乗りだしている私であった。

昭和八年十一月発行の『日本原始農業』はこうした端緒からできあがった。私もまたそのとき以来、深い懐疑におちて自から絶望を感じていた考古学にすばらしい生気を感じつつ、はげしく燃える新しい学問の方向を見出して、半生の動向を定める決心をしてしまった。その日から森本さんはものすごい勢で『日本原始農業』の起草に着手して、私もこれを手伝ったりした。森本さんはその序文に「一粒の籾、もし地にこぼれ落ちなばついには一粒の籾には終らないであらう」と、聖書の言葉を引いて書かれたが、日本原始農業も、つまりは弥生式集成図蒐集の旅の副産物であって、一粒の籾はこうして、一粒の籾には終らず営々として秋の実のりへ急いでいたのだった。

一方、森本さんの掘ってきた遠賀川の土器は、小林君が毎日毎日測図していた。播磨吉田の遺跡

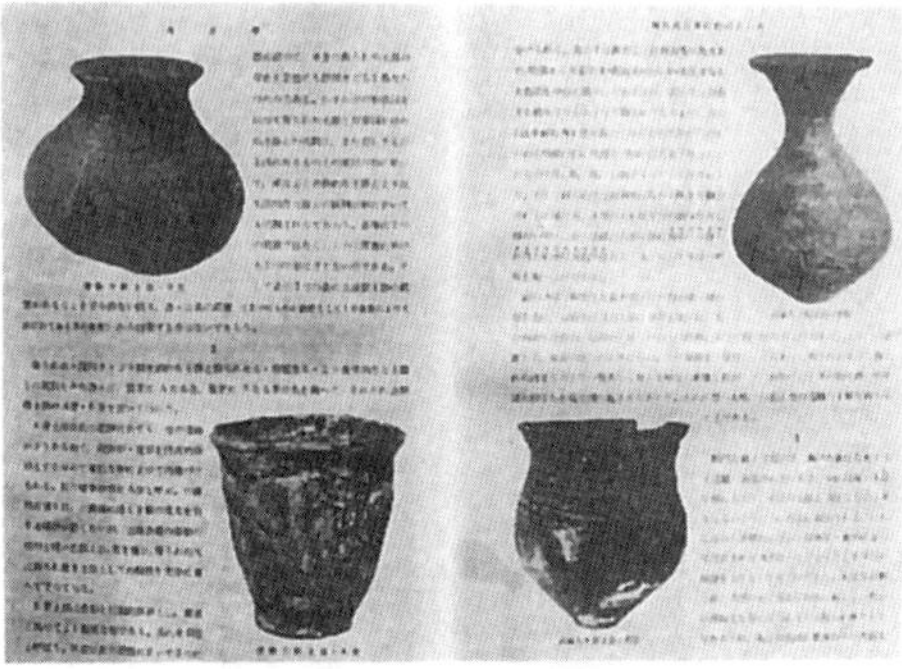

森本さんの「弥生式土器に於ける二者」
この論文は日本考古学における記念すべきものである。

の土器の不思議は、このうちにも現われてきた。そうしたなかにあって、森本さんの収穫、小林君の懐疑は、いろいろの姿で共同の研究対象となり、論戦は夜々深更にいたって尽きなかった。二人交互に発表していった、鋭い論考のシーソーゲームは、昭和九年一月『考古学』五ノ一号、森本さんの「弥生式土器に於ける二者」にいたってきわまった。じつにこの森本六爾氏のささやかな一論考こそ、いまにいたる日本考古学が忘れることのできない重大な意義を持つエッセイの一つなのであって、弥生式文化を学ぼうとするものの、かならず一度はその学問の精神を知るべきものである。

一つの土器における二つの姿、一つの生活遺物における二つの要求の具体、それが一つの時と空間をつらぬいた基調となって織りなす一つの文化に共通する様式構造、まことに書いたらそれまでである。しかし無機物であって土器形式変遷の対象としてのみ考えられていた土器、それが人の生活の原則にそった現象として感知し理解されて登場した、このいっこうに当りまえの事実は考古学にとって、また、なんとすばらしい飛躍であったことか。新しい考古学のエスプリが、このコロンブスの卵から成長していく姿を静かに感知してみるがいい。物の学問、枯骨のもてあそびから、こころよくも水ぎわだって飛躍し、脈々として私たちに波打つ血潮の、古い延長の生きていた人々の生活となり歴史となった、たくましい研究の正道を、ただ一筋に見出したのだった。たとへこの森本さんの歩もうとした学びの道が用いられなかったにしても、いわゆる考古学は生活であり、文化であり、歴史であることを、痛感させ導いたことは後の世の後々までも、この昭和八、九年の二人の学究の苦悩があずかって力あったことは忘れることができない。

要は何を学んだかは問題ではなく、いかに学ぼうとしたかが、切実にかくべからざる私どもの要求であったのだ。

このようなたたえられるべき業績も、要は土器の器型の緻密なる観察、方法よりいえば彼の土器実測器から導かれた弥生式土器集成図の中間製品にすぎなかった。こうして昭和九年は森本さん、小林君は実測器をもって八方にとんだ。尾張へ信濃へ関東へ北九州へ、尾張で忘れることのできないのは盟友藤沢一夫君と吉田富夫君を知ったことであった。そのまえに播磨吉田の土器の紋様について直良信夫氏のもとへ手紙をよこした大阪在住の一青年があった。小林君がそれを聞いてたずねていった、その人が彼、この藤沢一夫君であった。小林君は藤沢君の尾張西志賀の弥生式土器資料をみてじつに驚喜して、その発表を藤沢君に託したのであったが、藤沢君はガンとして承知しない。問いつめてみると、かつて西志賀を掘るとき私はその地の吉田富夫氏の手助けをしたことがある。それで吉田氏の報告があるまでは断じて発表しないというのであった。小林君の急報が森本さんへ、森本さんから名古屋の吉田富夫氏にとんだ。こうして『考古学』五ノ一、二号には吉田、小林、藤沢の三君によって尾張西志賀の研究がもはや整然たる一遺跡の生活――文化の様相の完成となって登場してきた。東日本の弥生式文化の闡明がもっぱら、この論考により、はじめて本格的な軌道に乗り得たことはいうまでもなかったのである。

こうした加速度のすばらしい学問の発展のなかにあって、私の生活はおもいだすにつけ残酷な昭和八、九年の不景気のまっただなかにあった。私は職をもとめて東京の巷に彷徨していた。森本さんがなんべん職業紹介所または有力者に私を伴なってくれたことであろう。だが、結局は田舎の一青年であった。もう山は根雪がこようという昭和八年十一月、当日できあがった『日本原始農業』一冊を持って、新宿の駅の車窓に森本さん夫妻に送られ、私は泣き泣きして再起を誓いながら、しだいに遠ざかっていくなつかしい都会の電車の音を耳に惜みつつ、信濃の山へ帰っていった。さてそのころ森本さんから「弥生式集成図が完成するまで、細かい弥生式論考は、二人とも書かないことに申し合せました。集成図完成の暁はすなわち弥生式文化研究の完成のときです」こんな通信をいただいて遠く図集の完成を祈ったものであった。

さて、これからは一つの学問のうけた痛烈なる悲運の客観的描写にうつるが、みな現在の人々が抉《くじ》られているのは筆者として恐ろしいことである。が、語ろう。小林君は神戸から京都へ、森本さんは羽沢から鎌倉へ、鎌倉から大和へ、それから京都とはなればなれに人の世の荒波にもまれながらも、強い友情の火花に結ばれ、学問を闘いぬいていく様を、私は信濃にあってやけきれるような熱い心の眼で私信や雑誌、さてはたまりかねた上洛などによってつぶさに見つめてきた。いまもその頃をおもうと切なる追憶がいっぱいに胸に溢れてきて止めることができないのである。私はしばらく森本さんについて語らねばならない。

雑誌やノートをあれこれ引っかきまわしていると、ながい秋の夜も白みかけて、すこし窓をあけると、冷い夜の外気がしっとりと流れこんできた。外は大阪の秋特有の朝霧である。ふと、ノートの間から一把の原稿がでてきた。見るとこの冬、大阪の港の海員たちの寮舎の四階で中耳炎を病んだとき書きなぐった思い出の記である。題は「教へざる教育者」としてあって、病中記のせいか、そうとうに熱っぽいものではあるが、なかなか心に迫るもの、書き出しにこんなことが書いてある。

寿仙院と森本さん
昭和10年ころの森本さん。

「月始めの日曜日に、大和唐古へ行った時からの風邪が、先週の日曜日に三輪山麓極楽寺の森本先生のお墓の建立式に参ってから悪化してしまって、毎日午後になると熱がでてくる。そこで昨日も今日も仕事を休んで、最後の頃の森本先生のでてくる古い雑誌の記事などを、寝たまま、あれこれと拾い読みにして暮した。外には冬の雨が蕭々と降りしきって、ミルクの様な川霧が一杯に流れて行き、時々は港から吹き上げる西の風が荒々しく私の四階のアパートのガラス窓に冷い雨を爬《は》わせていた。窓からの大阪港は粒々に泡立った灰汁のように、終日居睡ったり吼へたりしていたけれど、時々は出船の汽笛が鋭くその中を劈《つんざ》いて響き、ノールウェイの油槽船の美しい赤い煙突が、そのミルクの霧に溶けて滲んで見えたりしていた」私は白々とした夜冷えに、セルの着物の膝をたたんで、なつかしげにその原稿の後半を読み出したのであった。

昭和十年晩秋、この頃は三日にあげず信濃の私を訪れてきてくれた森本さんの手紙が、あの峻厳な気象にもにず、しだいに人なつかしげにあたたかい、ちょうど秋の夕空の赤トンボのような美しいよわよわしさを持ってきた。これは触れればかならず人をきるような森本さんの書きものには、たえてめずらしいことであった。そして私のそのころ書いたいくつもの石器の論考にたいし最大級の讃詞を、おそらく貴兄の感性は私の知るかぎり学界随一のものでしょう。その美しき感性をもってさらに高き知性をみがかれんことを、そんな意味の言葉を下さったりした。こうした論考を、まるでなんの意識もなく、なかば学問の鬱憤ばらしに書き書きしていた私は、はじめてなにかすばらしい心の鉱脈を掘りあてたことを、その森本さんの示唆からしだいに感知しだした。いまおもえば森本さんが私に教えてくれたことは土器でもなければ石器でもない、物を感覚し感知する力であったことを感謝している。こうしたわけで、時々は、逢いたき友遠きにありて語る術とてもなし等と、痛々しく心に触れる便を下さったりするので、とうとう十月の末、私はいろいろに苦面して京都へゆく決心をした。私の家庭はそのころ、考古学にははなはだ非で、一つに私の力をば期待していた状態だった。私は森本さんに、私宅宛電報を打ってもらった。「スグアヒタシモリモト」その「直ぐ逢ひたし」は森本さんと同時に私の心でもあった。

疑電までしてあいたがっていたあの人をおもえば、いまでも心がぶつぶつ湧くのである。羽沢からミツギ夫人の病篤《あつ》く鎌倉へ移られ、それから大和へ、三輪で夫人をうしなわれてさらに京都へ、すっかり弱りこんだ病軀を運んだまでの森本さんのことは、『考古学』追憶号の小林君の編んだ類いなき心の記録、「ひととせの記」（『考古学』七ノ一号）にくわしいし、また京都から東京へ去ってからは丸茂武重・杉原荘介の両君が一切心配されたので、杉原君の「森本六爾氏の病床に侍して」（『考古学』七ノ七号）がある。だが、その間の京都のことは私でも書きとめておかないと知る人もいまはない。

京都へいった日は、電車の軌道に白い霜のきりきり舞った底冷えのする寒い朝であった。百万遍《ひゃくまんべん》の寿仙院の一番奥まった小さな中庭に面した一方が明障子で、ほかには窓もなにもない部屋に、森本さんは蒲団を一つ敷いたままポツンとしていた。私を見るといつもの厳たる調子になって、君は疲れているのだから、ぼくの寝間へ入ってやすみたまえといって、一つきりない小さな机に向うむきになって、しきりに原稿を書いていた。蒲団のなかから私は部屋のなかを見まわした。朝でもひどくここは暗くて、すみずみにはなにかほこりが一杯のようにおもえてならなかった。机の側には柿やりんごやパン、それからチーズ等がころがり、コーヒーポットや茶碗が飲んだままで薄いほこりをかむっていて、形容しようもない痛々しいものであった。私は疲れたためか涙がでて涙がでて、蒲団をかぶると白い枕のシーツにじっと涙が浸みてゆくのをとめることができなかった。

森本さんはこの時、もうひたひたと追いすがってくる死の爪を体一杯に感じられていた。先生の関心はすでに、弥生式集成図録の完成も雑誌『考古学』の編集も小林君にまかせきって、せめてしっかりした遺稿をと考えていられるらしく、私は「弥生式土器と石器」のプランをお聞きし、その信濃あたりの資料提供を約したり、また「土器の底」なる未完の原稿の二、三枚を見せていただいたりして、ただこれはいかんと心が消えいるのみであった。その夜は浜田耕作博士の知遇に甘え、京都へきて教室へ出入りされてからの細々しいことどもを、かきくどき私に語られるのであった。いまはまだその仕打ちにたいして、心は慙愧《ざんき》の念にたえない人もあろうが、ただ、森本さんの学問に闘うのではなしに、むしろその煙ったさを森本さんの病にたいしてあてつけ、さんざんな素振りの末は、浜田博士に教室の健康のため森本さんの出入りを禁ずべく提言した人すらあったとのこと、これが人生の苦闘のかぎりを尽して夫人を失ない、なおも真理に生きんと最後の血みどろの前進をつづけていた一学究にたいして、最高の名誉に学ぶ一部の人のとった応報であった。まことに笑うべき争いのなかにこの類いなき人間苦の学究の最後がまきこまれたことは、心の弱りからではあろうが悲しいことであった。なんで先生が結核であるものか肺病であるものか、心の奥から燃えあがってくる憤怒に、まなじりをじりじり焦げつかせながら、先生の病気は伝染などしやしないと、私はその夜一夜、森本さんと相抱いて寝た。体は火のように熱く、すでに腹はひどくはって、しかもやわらかくたるんでいた。

京都百万遍のキャフェ

このレンガ造りの店と大きなカシ板の椅子に，森本さんはパリを思い出して，たえなんとする命を惜んでいた。かたい木机は幾万人もの人を送りむかえて，いまもかわらない。

つぎの朝は、京都の天地が太陽からふってきたプリズムの原色のように、比叡も東山も加茂川も百万遍の森も、とりどりの色彩に輝きわたって、眼にしみとおる美しい朝だった。「藤森君、ぼくはね、いま十五円あるんだ。これを今日二人で使おう」そんな言葉がとても楽しげに聞える朝で、私たちは白水亭から銀閣へいった。白水亭の中食は私のそれまでの最豪華なものであったが、森本さんは良く食べた。ぼくは腸の吸収率が悪いんで人一倍食わんと栄養が採れないんだと、最後にでてきた見るだけでもものすごい鯉の丸揚げを、骨まで一人でぼりぼり食べるのであった。それから二人して風呂にはいった。私はその時、先生の病について確認した。もう体軀はいたくむくんでいた。だが森本さんのこのたくましい生活慾は最後まで、病であることを承認せず、このごろ肥えた肥えたといっていられたのである。私はただ啞然としてうなずきつつ顔をそむけるのだった。それから京極・河原町・寺町とその日一日コーヒーを飲んだり、おしるこを食べたり、秋の陽が、サラサラと鳴って、白く浮いた顔の脂《あぶら》に浸みこんでいく京の街の女の顔など眺めながら、森本さんのたえざる理論を聞いて過したものだった。

その夜、じつにこの夜、森本さんはある人を通じて浜田博士から、みんなの意見のため教室の平和をおもって今後足ぶみしないでくれといいわたされたのである。つぎの日、憤怒のうちに私は信濃へ。奈良にいるとき小林君への私信に、熱ある日は教室の石舞台の模型をこわしたり組立てたりする京都の楽しき日を夢見ています、と京都を楽しんでいた森本さんは浜田先生のあたたかい懐にとびこんできて、まだわずか、こうしてふたたび追われるように、東京へ東京へと死の旅にさまよい去ったのであった。

それから三ケ月、杉原からの飛電急、山にいた私がスキーをつけて駅までとばし、鎌倉にはせつけた時は、もう死の数時間前の森本さんだった。むくみも去り、やせほうけ、ただ長い睫毛《まつげ》の奥の黒い瞳のみがなにかをもとめ、私が着いてからはようやく元気を取りもどして、いろいろ私どもの方向を示唆してくださったが、このときの有様は、杉原君の前に述べた追悼文にくわしいからやめよう。

昭和十一年一月二十二日、その夜は西南の風が吹きつのって、鎌倉の海はだうんだうんと激怒し、号泣し、吼嘷《こうこう》し、狂乱し、たった三十四歳のこのきずだらけの人間役者の最後のために悽惨《せいさん》な送葬曲のフィナーレを惜んでいた。

極楽寺坂の森本さんの家

森本さんの死なれた日，この小さな家は，
海の風に鳴っていたが今はもうない。

日本考古学の黎明以来、あまたの学究が輩出した。すぐれた教育者もあった。が、その人々は考古学のためになにを教えたか。すくなくも真の精神として、誠の学統として誇り得るものありや。残念ながら正直にいうと、正しい指導精神の上にこの学問は発展したことはない。かつてこの学問には深い教養や伝統は不必要なものであった。二年ほど興味半分に熱中した人士がたちまちに一角の権威になれるのであった。三十年の伝統と十年の経験は、あわれにも結局はすぐれたる知性の一年のアルバイトにも価しないものであった。大学はなにを教えたか、そしていかなる学問の意義と目的を確立してくれたか、物も見せてくれたし、物をならべることも教えてくれた。がしかし、学の精神は要するにナッシングだった。

そうしたとぼしい学問の世界にあって、講座も教室も持たず、むしろその殿堂より追放された森本さんの生命の延長をいまに見て欲しいのだ。森本さんは学ぶ心を教えてくれた。それは無限の泉のように汲めども尽きないものであった。いましばらくして森本さんの残した学統をこの学界から引き抜こうとして見るがいい。おそらくその骨組がガサガサになるまでに、深い根の潜在に驚倒することであろう。

莫大な資料も尨大な報告書も残さず、麦殻のようになって死んだ森本さんは、若い友らの心の中で生き生きと呼べばかならず答え、正しき学問の心を教えてくれるであろう。

こうして報告書と資料と線香花火のような追悼号のなかに、せめてものわびしい墓をたてることしかやむをえなかったこの国の学究にはまことに気の毒ながら、あの人はたまたま名誉と富貴と功績の墓誌銘をば、生きた若い人々の心のなかにうちたてて逝《い》ってくれたばかりに、久遠に忘られぬ学の燈がいつも煌々《こうこう》とわれわれの前にはある。


人としてよりよく生きぬくことは、より永く生存することでも、より多く仕事を残すことでもない。強き賢き人々よ、なにを生きつつあるか。世にすぐれたる学問的成功者よ、自ら顧みて身をつつむ哀愁なきや。かくして運命にそっぽむき、病魔を爆笑しつつただひたすらに突進した学究の一生が、ただ一幕の人生劇でおわるはずがなかった。私はなぜに『弥生式土器集成図録』の完成を喜びつつ、ふたたびかかる先人の追憶に溺れなければならないのか、それは森本さんの死はいいかえれば、図録を完成せしめる偉大なる燃料となったのである。一粒の籾、もし地に落ちなば、ついには一粒の籾に終らじ。森本さんの学問の魂はバラバラに虚空に散って、たちまちにしてその散華《さんげ》は

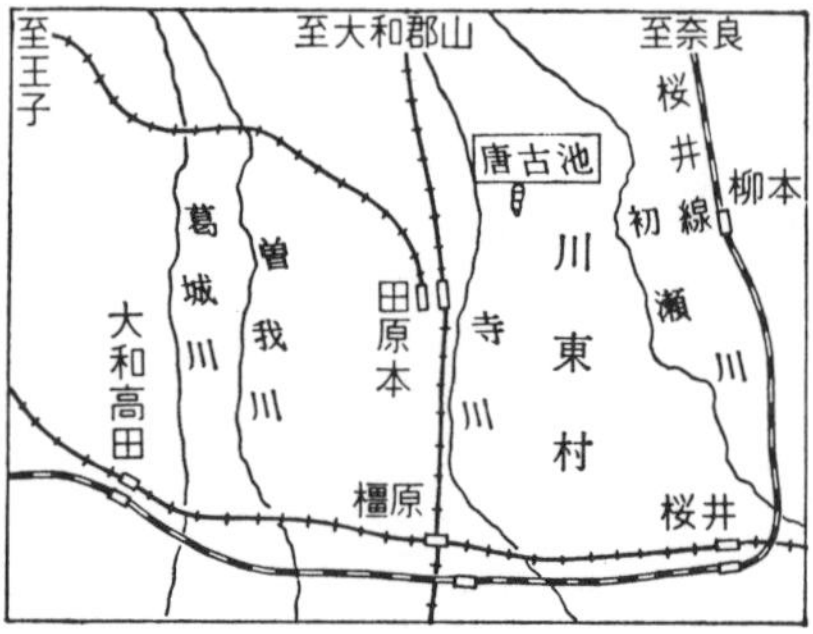

大和唐古池の周辺

人々の心の中にしずみ、やがてモリモリ動きだしてきたのである。

坪井良平氏が起った。故森本主幹の約束した東京考古学会および雑誌『考古学』のあらゆる計画の即時実行化を約して起たれた。同人が起ちあがった。森本さんの死骸は踏台にはまことにかっこうであった。学ぶ心でむすびあったいく人かの人は、たちまちに森本さんの心を基に、その学問を突きぬけてしまった。それからは図集もまことに一瀉千里であった。藤沢一夫君が山陽・山陰・尾張・美濃・近江へ、私が東と南九州から壱岐へ、それから信越へ、七田忠志君が東九州へ、それから小林君が山陰へ、越後へ、東海地方へ、こうして坪井氏の熱意と小林君の編成によって、二千の土器はただ編集を待つのみとなった。

たまたま、昭和十一年暮から十二年の初春にかけ、末永雅雄氏によって行われた大和唐古池の弥生時代大集落の発掘は、弥生式文化のもっとも古いものより新しいものにわたって、各様式の生活形態をそのまま池底に秘めて、二十世紀のいまに展開させてくれたものだった。それはかつて森本さんが、その後半生の努力をもって息吹きなき遺物の呪縛《じゅうばく》よりぬけでて、ひらき進んだ日本原始農業生活の具現でもあった。末永氏に協力した小林君と、私もまた氏の好意により終始この発掘にたずさわり実見するをえて、ほんとうに心にしみて森本さんの学問を追憶させられたものだったが、同時に『弥生式土器集成図録』の編集上にも重大な自信をあたえてくれたことは忘れることができない。

小林君の図録編成草案が完成してあとも、その索引であり、かつ弥生式土器研究の正報告論考たるべき解説篇の完成は多大なる難問題を残していた。

昭和十三年三月、小林君は『日本文化史大系』の第一巻原始文化へ「弥生式文化」を執筆した。これは要するに、弥生式土器の研究にあるていど徹した一学究の、弥生式文化の農耕生活形態にたいする試論であって、弥生式土器研究の完成への重要なる一階段と見られるものであった。こうして君の努力により、三冊の図録についで、昭和十四年六月、解説篇が世にでるに及んで、永い東京考古学会の宿願だった『弥生式土器集成図録』はまったく完成を見たのであった。

おもえばその間における坪井氏の苦慮と、小林君の図稿作成以来の努力は、いまはただ、ああ過ぎ去った、できあがったぞと、顧みて笑みあう感激の切実さのほかに表現しうべき何物もありはしない。

一粒の籾はいまや秋の実のりを持った。森本さん、生涯を氏との苦闘にとじたミツギ夫人、えがたい理解者として援助してくださった浜田青陵居士、この仕事の基礎にたった三人は、もはや語るべき術《すべ》もない彼方にある。がしかし、新しい古代文化研究の黎明は明けはじめようとしている。おもいおこすであろうが、かつてわれわれはこの図録完成までは弥生式文化、とくに土器の論考は差しひかえようと故人と語らったことを、いまこそその禁約も解けるときはきたのだ。

『弥生式土器集成図録』完成の暁は弥生式文化闡明の時であろうか。これを機に新しい研究は一挙に完成し、日本農耕文化の黎明、日本正史の一頁を形成すべく巨篇をそろえて立ちあがらなければならない。そしてそのときは、ちょうど、いままでも雑誌『考古学』を欠いたら日本弥生式文化研究の一端を知り得なかったと同様に、今後、私たちがことごとにこの図録に論考の基礎をおき、それを出発点として研究を進めていくことから、いよいよ『弥生式土器集成図録』は欠くことのできない基礎資料となって残されるのだ。

これこそ日本原始文化のオールマイティなるデクショナリーの一つとして、私のここに本図録を大方に推すしだいでもある。

（昭和一三・一〇・二〇〜一四・一一・九）

九　読書雑感抄

『北満風土雑記』を読む

もし諸君が書店にたちよられて、艶《つや》のあるレモンイエロウの外函に、ウルトラマリンの帯をつけたノート版の瀟洒《しょうしゃ》な本が燦然《さんぜん》と棚に目立っていたら、まずそれが水野清一、駒井和愛、三上次男三氏の『北満風土雑記』だとおもっていただいて間違いない。浅黄の布装《ぬのそう》に朱《しゅ》でおした題字といい、角背《かくせ》本の高踏《こうとう》的な製本、みずみずしい印刷、鮮明な図版、まず著者と発行所「座右宝」の感覚と出版良心こそ十分にたたえられていい作品である。それほどに、北満風土雑記はいままでわれわれの学界のだれもが作ったことのないユニークな旅のメモランダムである、というよりも、学問の世界の澄んだ窓からのぞいた美しい大陸の風物詩——、それよりもむしろ超偉大な大陸の自然から、その環境にしたがってうごめいた古い住民たちをまざまざ感知しようとしたもっともすぐれたエッセイであると評した方がいいかもしれない。

いま、殺伐《さつばつ》たる試練の嵐の吹きすさんでいるわれわれ日本考古学の世界のうちにあって、こうしたひたすらな、またたのしき古いにしろ、新しいにしろ、息吹きの聞える人間学を黎明期の大陸に自由な精彩ある歩調にのせて、力強くものばしあっていられる三氏のことどもは、なんとしてもわれわれの羨望とするところだ。

試みに、その広漠たる大地の相貌と、すえるような人間の匂いとで満ちあふれた三人の旅人の、このメモリアルな叙情詩をひもといて見るがいい。満洲北辺の鄙の手振りにかぎりなくも光のような愛撫をそそぎ、大陸の土の上を流れていく風のような古住民の哀愁とノスタルジアをいっぱいにしませつつ、たくましい探検の歓喜を織りなして書きあげられたこの詩篇は、くわしい報告文でないのにもかかわらず、すでに立派なそれにもまさって示唆的な北満文化闡明の書でもあるのだ。

渤海《ぼっかい》の古都東京城をめざして、ハルピンから遠く北東へおもむいた二度の旅の思い出は、第一章の「ハルピンまで」から「東京城に入るまで」の章にくわしく、鉄路に去来する東満の深い山岳地帯のこの国特有な美しい初夏の密林と原野には、あやめや鈴蘭《すずらん》や芍薬《しゃくやく》がいっぱいに咲き乱れていて、そんななかのわずかな拓かれた処女地では、その駅々にみる白露人のなにか寂《さ》びきった生活のように、みなぎる古い移民たちのわびしいエチゾチックな哀愁をば書きつづり、窩稽《とうけい》と称されたこの原始村に、古い為政者たちがいくども苦心しては開拓しようとつとめた経営の跡をも物語っている。海林では自からも紅髯子にふるえつつ、絶えてそうした苦悩から脱却したことのない地方で、一つ一つの都市がそのまま一国であり、一世界であることを余儀なくされた住民たちの遺跡である沙爾《さじ》虎《こ》城の土城を調査されている。

東京城の発掘は前後二回とも土地唯一の豪家永興泉《えいこうせん》という焼酎のつくり酒屋に本拠をおいて行われた。発掘の詳細はすでに遺品展覧会も行われていることでもあるし、著者もまた報告書にゆずって詳述してはいない。それでも、たとえば宮殿跡の発掘で、第五宮址の一地点からはからずもでてきた一枚の和銅開宝に、一同が驚きかつあやしみ、はては遠い奈良の御代、日本海の怒濤をしのいではるかなこの渤海の国都にまでもたらされたわが王朝の一枚の貨幣が、国のなかにあって、たえず大陸の国々からもたらされた多くの流通貨幣を掘ったとき、それが経済的にも文化的にもあるていど以上に、大陸の国々に牛耳られていた弱力の証拠であることにさえ、悲憤も何も感じることもなく、しごくあたりまえのように驚きもしなかったのに反して、まるでホロホロ涙でも垂れそうなノスタルジアをかきたてられる表現においては、たしかに、古代人の心に通ずるまことにえがたい学問的なロマンチシズムであった。

たしかに考古学は物の学問ではある。しかし古生物学や動物学ではなくて純然たる人間学であって、時間のおきすててきた人々の生活の跡を、知性および感性からして復原させようとする意図の下に、まず第一に生きている古代人の心を感知できないのでは、いかに遺物が組みたてられようと、エスプリのない科学の方法がととのえられようと、所詮は歴史も文化も生きて動きだしはしない。

かくては限りもない。私は『北満風土雑記』紹介の筆をとったのである。さきへ走ろう。惜しいけれどその讃詞を割愛しなければならない。「その頃のハルピン」以下の、北のこの春のあやしいまでに美しい国際都市に、著者の注いだ愛惜の心は、今までいくたの文芸の徒だって表現し得なかったすばらしいものだった。いい忘れたが、東京城のシャーマンの描写もすばらしいものだった。さらに、後の方にでてくる蒙古の砂丘で、この広漠たる砂漠にのこされた細石器の遺跡を訪ねては、今日も昨日も流れていく、永久に流れていく、黄砂の上に散乱している赤や褐色のキラキラ光る細石器、そのめずらしい遺品のあり方は、緑地帯に不動の集落立地とゆたかな資源と水にめぐまれて育った人間の跡とは、時も空間も超越して異った生活と文化であることの必然性を、すべての力論勇説よりまさって感知させてくれるものであった。

詠歎の言葉はただ一頁を読破するごとにつきるところを知らない。それにまた豊富に加へられた旅のアルバムはたしかに平凡な探検カメラマンの節穴から見たようなせまい存在をのみ写さず、点景のすくない平面な拡野を写して、広漠たる大地のアトモスフェアをにじませ、またそこに生きるもろもろの人たちの生活をキャッチして妙である。とまれ、つまらない讃詞は書かずもがなではあったが、夏日炎暑の下にもなおあえてこの一書を精読されんことをおすすめするものである。

最後に著者の言葉を借りるならこうである。この旅は学問の上からはうるところがすくなかったが、しかし自分は世界をひろくした。さまざまな人生、いろいろの生活は自分自身の肉ともなり、血ともなった。われわれは学者であるとともにまず人間でありたい。と語られる著者三名の体験から湧きでる古代人の生活や文化が躍如として、やがて東方大陸文化の闡明にいたる日の近からんことを私は心より待望するものである。

木内石亭

石亭の雲根志を中心とした石談が六巻の豪華な新装の下に世にだされた。石亭と郷里を同じくされる下郷伝平氏の先人報徳であり、中川泉三氏の苦心の編集によるものである。

石器時代人の石にたいする知識と熱意は、おそらく現代人一般のそれの比ではない。彼らは川原にちる石でも、山崖に露頭する岩石でも、手あたりしだいに持ちよって、その用にあてたのでは決してない。彼らの利器は多く岩石でつくられた。一つの鏃のためにも、その質量、硬度、劈開《へきかい》、粘性から色沢にいたるまでの諸現象を、各々の利器の要求に立脚して、岩石を撰定し、目的の岩石が手近かに得られないとき、じつに想像もおよばない遠い土地にまでこれを求めている。でも、われわれはいまそれは平凡《ただ》な石だと簡単にすましがちである。それも生産機構によるものであろうが、金属かないしは鉱石の若干については多少の認識はあっても、岩石にいたってはまさにただの石である。

石の学者、石亭には岩石も鉱物もなかった。ただ、めずらしい石があった。しかし、古今を通じて彼ほどに石を知り、石を見た学者はすくなかった。木内石亭はたとえば辞書を持たない達文の士であり、整理されない大博物館であった。私は彼をひくく評価しようとするのではなく、彼をそだてた江戸末期の雰囲気を惜みたい。彼がけっして水準以下の博物学者でなかったことは当時のエキスパート平賀源内のこよなき賞讃においても知らなければならない。

めずらしい石に理由をつけて愛弄《あいろう》するなど思っただけでいやな癖である。われわれはいまの亜流をくむことをはなはだしくいさぎよしとしない。むしろ忘れてしまった一人の祖先にほかならないのである。

しかし石亭は笑っている。牧之の『北越雪譜』が出版され、それから『真澄の遊覧記』が復刻され、それをこの国の伝承学者がどんなに驚歎の眼で迎えたか。いま石亭の全集六巻ができても多分かえりみる考古学者も、岩石学者も多かろうとは思わないが、石亭は人一倍エネルギッシュなあの眼をかがやかして喜んでいるに相違ない。牧之や真澄は淡い文学と低調な崇拝とをその子孫にもってゆき、石亭はするどい料学のメスと軽い侮蔑を全身にあびつつも、彼の子孫をすばらしいステップでのばしつつあるのだ。

「此の人、生得若年より和漢の名石を好んで年歳諸国より集めて、これをもてあそぶ事数十年に及べり。住居そのいとなめる書院に石談より外雑談を禁ずとあり。」とまれ、石亭の脳神経のどの部分を分析しても石のほかはなかった。その蒐集するところの石数千余、その交友するもの四百余人、この輝ける先輩の熱情を思うべしである。

彼は陸奥金華山の金石を目的で遠く旅した。金にたいする関心は古今を通じて等しかったものとみえ、金華山の土石を持ちだせば、かならず神の怒りにふれて、海大いに荒れるというので、いずれ社人の入れ智慧であろうが、彼もまた船頭から大いにおどかされたものである。それでも、もちろん彼は盗んだ。不幸にして海は荒れた。早速彼はつかまってしまったのである。金石は奉還された。だが石亭は船頭の油断に乗じてまた盗んだのである。彼は祈り、そして思った。遠くきた。とにかく、遠くきた。ただこの石一つ欲しくてそれできた。なんで神がおれを罰そうというのだ。彼の熱情は猛然と荒海を征服して帰った。

石亭は文化五年三月十一日、八十五年の石の生涯を閉じた。彼の愛石と、後継者の一人もないことは意識を失うまで彼の頭から去らなかった不安であった。いまその石亭の夢はむなしくやぶれ、愛石は四散してはて、彼の著作はただ過去のものとなり終ったが、彼の熱情は脈々としてわれわれの心に沸騰している。

家畜文化史

家畜についての大集成が出版された。加茂儀一著『家畜文化史』（改造社版、定価九円）がそれである。著者はさきに岩波文庫にケルレルの『家畜系統史』を訳出されて、すでにわれわれには親しい。考古学の視野より古代日本の文化、とくに経済生活について開明の一歩を進めんとする人々、貝塚そのほか遺跡の発掘によって得る遺骨の研究から、その食料資料およびその生産、または獲得の形態について知らんとする人々に、まったく動物学比較土俗学あるいは文献学的な方向より集成した完全に近い参考資料として、われわれの鋤のおよばないような資料の多くを提供してくれるであろう。しかし、さらに大きな興味は、同じ家畜なる文化現象をねらいながら、考古学者としてのわれわれと、文化史学者としての加茂氏との間におそろしい大きな断層をも発見できる点を大いに批判して欲しいものである。

まず菊版八百頁余、これほど厖大な集成にたいする加茂氏の真剣な努力と、これをあえて活字に組もうとした改造社山本氏に絶大な敬意を表する。内容は二十二種の家畜に分けられ、犬、猫、馬、牛、羊、鶏、豚にかぎらず、じつにホロホロ鳥、孔雀、駝鳥にまでいたってあまさない。家畜の定義に触れるかぎりこれ以上の蒐集はおそらく不可能であろう。そのおのおの記述はまた精細であるとともに、煩雑さにおいても無比である。家畜または動物飼馴の研究者の参考書なら、これで完全に相違ないとしても、文化史とはこういうものをいうのであろうか。世に量を持って質にかえようとする気の毒な努力は、われわれの身のまわりの学界にもすくなくないが、文化史を扱う人々のもっともおちやすい欠点である。完全なる集成が、また完璧なる分析がかならずしも正しい文化史の根流を指示してくれるものとはかぎらないのである。

さらに私は本書が日本語で発表されたことを深く惜むものである。おそらくいずれかの外国語で発表されたなら、はるかに多くの支持者をえたに違いない。それほどに日本の家畜にかんするかぎり、その内容はあまりにも貧弱なものである。もちろん、現在日本家畜文化史について論著するほどに無茶な向見ずな学者があろうとは思われないが、しかしそれにしても、著者がいやしくも家畜と人類との関連において、文化的なテーマをねらいつつ、日本の考古学においての知識がぜんぜんゼロであったことは惜しみてあまりある。

堆積について

石器を研究しようとする者が岩石を理解しないのは許されるべきでないとしても、編年学者が正しい堆積なる現象を知ろうとしないで平気でいるのははなはだ不思議なことであった。たとえば貝塚遺跡が掘られたとして、その出土物と出土状態についてはやや満足に近い注意が注がれる。結果としては、そこに一つの編年観にたいしての、小さいながら絶対的な成果が生れるのが例である。それにはとうぜんA・B・Cが各層位を異にして包含されたとか、またはA・B・Cはまったく混然たる一層内に包含されているとか、さらにいろいろな場合があるのが常である。そうした場合、前者を掘りあてた学究の頭にはしだいに一つの編年観が成立していき、後者を掘った学究の頭には層位編年にたいする疑念の少くとも一つの因子が成長していくに相違ない。

そんな単純ないいまわし方は誤解されやすいかもしれないが、事実は、現在ぬきさしならぬ重大なところまで達している。原因はすべて当事者の頭から、どうして堆積されたか、堆積の理由・原因、さらに堆積の本質が忘却され、理解されなかったことから発している。堆積は気まぐれの現象だ。きわめて正直な場合と、はなはだしく不正直な場合がともにある。それが堆積の理由でもある。地層学や古生物学であつかうような絶対的な永い時間の堆積は別として、日本の先史学のあつかう堆積は、自然力と人力とさまざまな複雑した理由から成り立つ生きた現象であって、かならずしもすべてが時の経過を意味しないのである。遺跡の研究も遺物の研究もすべては堆積の吟味から第一歩を踏み出すのがもっとも正しい方法であるに違いない。

もちろん、洞窟遺跡もその一つの場合である。洞窟遺跡がとくに挾雑した堆積を持ち、その遺物における層位も、将来、日本先史学の上に重大な寄与を持たらしてくれるに十分な特異性を持ったのであろうことは争われない。その意味について、鹿間時夫氏の『裂罅《れっか》及洞窟堆積物』の研究が出版されて、われわれに裂罅および洞窟における堆積の正しい理由、本質についての研究が与えられんとしていることは、単にそれが裂罅、洞窟だけであったにしてもうれしいことに違いない。

素人の私がくどくどしくコンテンツを並べたてる必要はあるまいが、それはきわめて読破しやすい小冊子であり、こうした研究書にありがちな、ぼう大なものとして世に誇ろうとするむなしい迷惑な努力が払われていないことはなんとしてもわれわれを喜ばせてくれる。一つ一つはすべて氏の豊富な体験よりにじみだしたものであって、そのままがわれわれの洞窟遺跡研究の根本知識となってあますところがないであろう。

梵鐘からみた世界

昭和五年であった。関西線は奈良に近い山城木津の小さな街の人々の、いつとはなしに不思議な話題にのる見なれない紳士があった。この年のはじめころから、このなで肩だがしっかりした体軀に、うすい眉の下に、強い力ある眼を輝かせた中年の紳士は、野良の人さえ寒々しさにいそいですぎる広い田圃のなかの吹きさらしの、明治四十三年に廃止された旧墓地に、日曜であればかならず一つ一つの石碑の前で、立ったりしゃがんだりして丹念になにやら調べあげ製図しているのだった。しかも、それが一度二度三度と、凍土が黒くにじんでやがて墓地に夏草がしげり、砂土の照り返しと、ただ草原の草いきれが、草からも土からも石からも冷気という冷気をしぼりあげて、立っていても倒れそうな盛夏になっても、奇怪にもこの疑問の人は、まだ一つ一つの墓石を調べあげてやまなかった。

当初は役人だろうぐらいで気にかけなかったが、しだいに噂は噂をよび、とうとう人々は己《おのれ》の縁《ゆかり》の墓碑をおのおの急拠最寄へ移転さえしはじめるのであった。その年も暮れて昭和六年は五月ごろまで、さらに冬から越えてまたつぎの年の五月まで、前後二年半、噂も慣性化してやがて忘られ、木津惣墓《きずそうぼ》もすでに新道路計画のため潰滅《かいめつ》に瀕した昭和七年五月、この驚くべき人はそのただの墓石を、不可抗力でうしなわれたもののほか、じつに二千三百有余基という数を調べあげてしまったのである。

この驚くべき意力の人はなにをしたか、五輪塔でも宝匡印塔《ほうきょういんとう》でも、もとより石造美術ではさらさらない、ただの墓石に二年半の貴い日曜をまったく費したのである。

『考古学』(十巻六号)に発表された坪井良平氏の「山城木津惣墓墓標の研究」はだれからも忘れられていたわが中世以降の一集落の終局の到地である共同墓地に、彼らささやかな無名人の生活のおそらくは唯一つであろうところの紀念碑をとりあげ、徹した科学者の態度で、物としての完全な順序づけをおこない、愚直にもおもわれるほどに数値をたのみつつも、なおついに久しく忘却の彼岸にあった中世以降の庶民生活の様相と、かげりゆく宗教心と、それに付随しては波濤のように押してくる経済生活の現実観による時代精神の移衰を、克明なタッチを持って丹念に描きだした雄篇であった。

氏は自らこれを、かぎられた学究の分野しか許されない実業人の閑趣味というが、われわれはいまここにそうした氏のいわゆる閑趣味《ひましゅみ》が、意外にも一つの低徊《ていかい》のうちにある歴史考古学に生彩ある新方向を、方法論的にはもちろんかつて未到の視野をひらき、それのみではない、そのひたすらな努力は先史考古学至高の境地を指示し、そのおさない精神はまさに原史考古学の更生をも示唆するところのものを感知しないわけにはいかない。

さらにいま、坪井氏によれば対象としてはほんの道草であった墓碑より、すでに二十幾年におよび、ただ一途、資料をあつめ、思考を深められた梵鐘《ぼんしょう》の研究が、さきの論考にひきつづいて『東京考古学会学報』第二冊となって上梓《じょうし》されたことは、歴史考古学分野の偉大なる収穫として慶賀にたえない。

坪井良平著『慶長末年以前の梵鐘』は、まずその学問の対象資料の一大完璧集成として成功している。この完璧集成なる意義は、浅薄な一本をまとめあげるためについやされた労作ではなく、単的にいえばいいいかげんさを自らの行動として認めない克明の二字に尽きるものである。

氏の意図された集成はじつに有銘鐘年表、無銘鐘年表、梵鐘要目一覧表、地域別・時代別の梵鐘分布表、および梵鐘分布図があり、さらに年号索引、社寺名索引、鋳物師索引と資料集成の完全を期してあますところがない。さらにそれらの氏の過去の労作を基礎として書きあげられた慶長末年以前の梵鐘概説は、梵鐘の形状および部分的の変遷において、考古学のオーソドックスな究明法の精粋《せいすい》をつくし、銘文の研究をもって、さらにこれをたすけた。

結論としては、梵鐘変遷のしめす時代相について詳述された奈良・平安・鎌倉・南北朝・室町の各時代の文化相においては、梵鐘も時代文化の一現象としてゆるがせにできない精神の範疇であるということを説き、梵鐘というかぎられた現象からみた、われわれ考古学学究の忘れることのできない時代文化の精神を、明確な論拠から導きだしているのである。

いままでわれわれは正直のところ坪井氏の学問はくたびれもうけだと思っていた。われわれの研究対象はなにも墓石や梵鐘でなくともよさそうなもので、それらはすくなくも上々の物的対象ということはできない。

が、しかし、その対象をあえてとろうとした坪井氏の精神こそ、忘れることのできないわれわれの学問の精神ではないだろうか。

氏はわれわれのしる範囲において学問的知識方向のもっとも広範な学究の一人である。が私は学究ではない一個の趣味家にすぎないといつもいうのは坪井氏である。宿屋飯盛の心にひめられた上田秋成のロマンでもあろうか、名著『慶長末年以前の梵鐘』でわれわれが教えられることは、じつに学究の業績でもなければ経歴でもない、まして何物かをもとめてやまない野望ではさらさらない。これこそ学問の方向を論ぜず、テーマを問わず、すべての真摯なる学究の心に、じっくりと深く深くしみこんでいく、純粋な学問培養者の峻厳なる精神と態度である。

（昭一四・一〇・一）

一〇　脚のない古代史

幽霊の古代史より覚めよ

現在わが祖国にたいして、学究のそそいでいる努力のうち、もっともばかげた努力はなにかと問われたなら、その的外れの焦燥のはなはだしきものの一つとして、第一に「古代研究」をあげるのに私は躊躇しない。

元来古代史の研究はその出発第一歩で、まず唯物的な物の見方と、唯心的な物の見方との岐路にたって、大きな絶壁にゆきあたる。まず多くの人々はその絶壁の飽食性の残忍さをおそれ、おたがいの夢を破壊しない程度に、その壁の前ではてることなきリングワンダルング――ぐるぐるまわりをつづける。勇敢なる一部の人は進んでその鍵をさがすべく壁面を摸索しつつも苦闘する。だがその鍵穴がみいだされたとき、おそらく彼らは真理としての歴史の純粋の魅力に驚喜するだろうが、やがて彼らには彼ら風の意識づけられた見方と資料の色づけと曲解が行われ、あわれにも超巨大な意志力のために、その首筋をたたかれてむなしくおわる。さらにもっとも賢明な多くの人々は、唯物的と、唯心的と、またその方向のいかんにかかわらず、欣然として時々に変化する支配力に迎合し、時の流れに乗ずるために古代研究を看板にしようとする。日本の古代研究はいまやその第一と第三に属する人々でみちあふれて喰いいるべきすきまもない。

事実、歴史は多くの場合ゆがめられて、打ちひしがれてわれわれに伝えられることが多かった。じつに書かれた歴史の始って以来、歴史とは宣伝であり、煽動《せんどう》の手段でもあり、また文字による武器として発生した経歴を持っていた。もちろんゆがんだ権力のために存在するのでは絶対にないが、歴史は書かれるべきで、また作られるべきであったのだ。歴史が真理のための存在ではなしに、民族の生活のために存在することは残念ながらいまやすでにわれわれの常識化した。第二者の場合は見解の相違として論外としても、第一および第三者の歴史はそれでいいのであろうか。少くもその二者は前者より真剣でなく、かつ観念的であって疑うことを知らず、鬼門にたいしてはつとめて触れることをおそれるのだ。一言にして尽そう。許された歴史は片輪であった。

日本古代史はいまや新しい日本精神、日本民族結合の原因の闡明のためにあらゆる方面からその発動を要望されている。だが古代史自身はそうであろうか、事実は残念ながら、深い煙幕に覆われてそのなかに阿呆のように睡っているのだ。古代史は姿を見せないで幽霊を操って見せている。日本民族の歴史の一頁はいまや重大な危機に立っているというほかはない。じつに科学を中心にわれわれの生活は発展し、われわれの後継者もまたそれを基礎としてのびつつあるいま、古代史にかぎりそれにしても笑止な非合理的な方法で、若い子供らの頭を導こうとしたら、懸命に騙してそれで通っているうちはいい。だがいまにその禁断も弾圧も嵐のような爆笑に吹き飛ばされてしまう時がくるに相違ない。それよりも触れさせまいとするはなはだ姑息《こそく》な曖昧な態度は、もって若者の真摯な懐疑に価するものだ。記憶に生々しいそれよりひきおこしたさまざまな真剣なる悲劇を、文教当局はだれの責任に帰そうとするのであろうか。若い人々はもはや幽霊を信じようとはしない。彼らは足跡のない民族の移動は幽霊の旅行だと思っている。かならずしも信濃にかぎらないが、古代研究のもっとも大きな部分を占めているものは、じつにこの幽霊の旅行記であったものだ。日本民族の団結観念の大きな断崖がここに口を開いているのが見えないのであろうか。

われわれ考古学者は輝く祖先の残してくれた貴きいくつかの古代史の残片を、信じもし、また熱愛もしている。それは、われわれのみ立証できるからだ。いまや正しき郷土考古学の把握の上に立って、さまざまな懐しさと、そうした存在の必要のうちにのみ、からくも生きのびてきた古代史の、神話や、伝承や、説話は、足を持った登場人物とともに、生々しい息ぶきを取り返すのがすでに遠いことではないのだ。たとえそれがづたづたに切りきざまれたものであったにしても真理は真理に相違あるまい。郷土史学者はおどろきあわてなければいけない。夢は円ではない。考古学の進展の太鼓は音もしないで急霰《きゅうさん》である。

指名権を持つ古代史研究と決定権を持つ考古学

古代史家の城郭《じょうかく》にこもる人々の学問、いわゆる学説または議論には、二人として同一な場合はまずすくない。多くの場合、その人々の個性の反映した臭い古代史を主張するのがつねである。Aの議論、Bの説もともに誤謬だとはいいきれないとともに、唯一の絶対的のよるべきものを持たない。論拠は薄弱で無に等しく、論議の遊戯は身勝手で自由ではあるが、ついぞ決することを知らない。面白いと読まれ、卓見だと賞讃されても、かつて正史として取り上げられたことがすくない。もちろん、その人の考えた史論であるだけだから。

悪口は過ぎたとすれば私の血の若さだ。いまや古代史の研究は正しき神話、伝説、伝承が主調となり、比較民族学や言語学や民俗学や伝承学等の援助をかりて織なしてゆくものであることは、論を待たないであろう。しかし、神話にしても、口から口へ容赦なく濾過されて、ある部分は忘れられ、ある部分は誇張され、さらに順序はひっくりかえされる。そうした誤ちを持ちうるながい時間を、ただ素直に見逃せはせまい。そこには信仰が働きかけ、興味が作用し、英雄を必要とし、しかも最後は文学として編集されたものだった。さらに民俗学や言語学にしても恐ろしい忘却の巨鳥につ いばまれた後の、わびしい古代生活の残片であった。やむことなき時の流れにすりへらされ、腐敗し、土にかえって、そしてわずかにわれわれのまったく異った生活様式のなかに色もなく呼吸されて変質したものにすぎないのだ。

なにが必要か。形を具した証拠が欲しいのだ。およそ、地殻がかたまってから、アミーバが発生して今日にいたるまで、生存の痕跡をのこさない生物はなかった。地球の年齢からいうと、それは第三紀の中期であった。曙人ピテカントロプスと称される彼らが、そのおそらく一人であろうと思われるが、ふと石のかたい不思議さに気づいた。おどろいて木の実をついて見たに違いない。木の実はわれわれた。ああ、なんというすばらしい発見であったか、彼らは石を仲介して自からその意志と力量をするどく他動することを知った。そのころの地球は暖かく、とても住みよかったに違いない。彼らがほとんど文化的に、何物をも持たずに可能だったながい拾集経済の生活が許されたからだ。

やがてクロマグノン人はおそろしい氷河時代に遭遇した。多くの巨大哺乳類は死滅していった。もちろん一番弱い体力しか持たない彼らが参らないわけはなかった。寒いなあと思った。おそらく死んだ方がましな状態だったに違いない。だががんばった。われわれの輝ける祖先はまだ哺乳類の一目であったため、どんなにしても生きるということのほか、死ぬという自動詞をついぞ知らなかった。彼らは死んだ獣の皮をはいで身体にまいた。そのためには鋭い角石の皮はぎを考えた。それから洞穴へ寒さを避けた。そこにはおそろしい先客が牙をといて待っていた。人間はその大敵をやっつけるために協力して闘うこと、それからその暗黒のなかにも怜厳な外気をさけて住みうることを知った。ながい洞穴の暗黒の生活がつづいた末、とうとう火を点ずることも知った。石で燈明皿が作られ、おそらくは、そのなかで獣油が燃えたりしたろう。そしてはじめて洞窟の壁をみた。ながいながい間、懐しくも手にのみ触感してきた壁であった。石片を拾って引っかいてみた。線が一本引けた。それから壁は彼らを夢中にさせた。外で見てくる、取ってくる動物、大馴鹿《トナカイ》や、野牛や、巨象や、そしてさまざまの画を描いた。それから、生きているように色づけた。その画のすごさはわれわれが驚嘆するのも無理ない。まるで想像もつかないながい暗黒の世界へ、外の明るい世界の懐しさを植えつけるために、赤々と燃える炎のような印象が、ながいこと焼きつけられた視神経であったから。

そうであったか、どうか、見てきたのではないから私は知らない。

だが、とにもかくにも、遺物はそう話してくれるのだ。遺物はゆがめられるべくもなく、有機物にたいして腐敗が峻厳であると同様に、堆積の力もまた逃れるべくもなかった。歴史には缺史時代はあっても、考古学の分野には缺史はない。すべて人々の記念物は、かならず地下の博物館へ収蔵された。そして総合され、復原され、整理されるときこそ、唯一つこの方法によってのみ、古代生活は再生するのであった。じつにここの地下の博物館では貴族も、放浪民も、みな同等の待遇をうけるのであった。考古学の世界、泥土の過去帳には、書かれた歴史のすべてにつきまとう、あのいまわしい「一将功成って万骨枯る」のたとえはない。

私は不必要なまでに長舌にすぎた。だが結果をいえばこうだ。考古学は古代研究において絶対に決定権を持つ。しかし、なんらの指名権をも持つものではない。考古学は古代史の体軀を組立てる唯一の骨格だ。その骨組の中にのみたくましい歴史の肉付けが可能だ。記憶されなければならない。正しき考古学を把握することこそ、在来の民族論と考古学の正しきハーモニーこそ、唯一の郷土史研究の道である。ところが多くの古代史の研究者諸賢は、みな一応考古学をそうとうには知られる様子である。だが、考古学はそう甘くはない。私はたとえば信濃において、考古学をわかってくれる人が、ただ二、三人しかないわびしさを、揚言する無礼さが許されることを、悲しまなくてはならないのだ。いまや真剣な再認識の上に新しきスタートに古代史の研究を立てなくてはならない。

忘れられた『諏訪史』一巻のエスプリ

信濃はかつて郷土古代研究の上に、全国をリードするすばらしい学問的収穫をもっていた。それは諏訪郡全教育家と鳥居龍蔵博士との、ながい努力のおりなした『諏訪史』一巻である。諏訪史一巻においては学問的意識のいかんはわからないが、とにかく、結果においては民族史の足跡、生々しい現実の五感のうちに残された正しき意味での史料のみが集成されたものだ。そこには人々の喝采する面白さや、派手な飛躍や、結果はなかったが、ながい祖先の生活の実証が雑然として圧縮されていた。さらに引きつづいて上伊那、下伊那、――下伊那は不幸にして中途で挫折した――が集成された。

『諏訪史』一巻は当時、信濃においてのみでなく、ひろく全国に考古学的な郷土研究の、じつに導火線を切ったものだった。その功績はあらゆる罵詈《ばり》訕謗《せんぼう》のなかにもおおうべくもない。全国に類を見ない先進的なその教育会は、その有為な人材を動員して、当時、信濃の各地方にわたり発掘はさかんに行われ、研究者は書斎にも畠の畔にも散見した。しかし、それはまったくわずかなことだった。後は線香花火のように消えていった。だれもその尨大な資料を分析総合して、古代生活をつむぎだそうとはしなかった。『諏訪史』がおわると大潮のように、賢明な人々はひいていった。ほんとうに同じ畠の畔をうろついた組の一人だった私なぞ、おろかにも気づかないうちに流行から忘れ去られた。なぜか。一つに正しき理解と正しき指導者をもちえなかったことによる。だがもっと大きな原因はこの国の教育家の学究的態度における笑うべき風習――熱しやすく、覚めやすい、頭脳的流行にたいする類なき感受性と、移行性があずかって力あったことはもちろんであった。不思議と教育家は完成を欲する意欲がなかった。学校の課程が終了すれば、生徒が学校と絶縁すると同様に、学問も蛍の光であった。教育はそれでいいか知れないが、学問は不具であった。あるいは超偉大なおろかな不可抗力が、学校経営者をして去勢させるものであって、おそらく責められるべき筋合のものではなかろうが、とにかく、学問は容赦なく教育にむしばまれて、生活に打ちひしがれていった。

すぐれた素質をもつ若干の人々は執拗にがんばっていた。ちょうど流行おくれで、機にのぞんで迎合することが下手で、日陰もののようにひっそりと孤独の研究をつづけていった。それは美しい仏像氏や輝やけるカント氏から見はなされたからである。いまは、あわれそれらの人もその学問の目方にすでに疲れきっている。

鳥居氏がしりぞかれた後は八幡一郎氏によって南佐久郡、北佐久郡とさらに一連の仕事はつづけられた。しかし仕事の原動力そのものが、多くは指導者である学究の努力と、教育会のもつ惰性の若干であったために、およそ、その結末ほど、地方人士に無関係な理解されないものはなかった。いま、たとえば北佐久にしても、南佐久にしても、その学界へ貢献したことの大なるはもちろんであるが、その地域内に住む人々に、その業績が学界に貢献したのだという観念のほかに、理解したうれしさをもちうる人がはたして何人あったろうか。郷土史の研究において郷土の人によって郷土が理解されて悪いはずはない。それには考古学会の趨勢も一半の責任があった。学史わかき考古学界の学究は、自分自身の業績を積みあげるのに大童《おわらわ》であって、正しく大衆を導くことの危険を欲しなかった。いま一つの原因があった。考古学における土器の難解であった。それはあとで話そう。それよりも私はあまりに心にもなき悪舌を働いてきた。そんな立派な口をきくなら、考古学自身はどうであったか。信濃郷土史研究者のみではなく、全国の古代史学者にたいしてつぎに弁じよう。

考古学は古き頭巾をすて、被布を脱いだ

われわれの古い先輩の多くは、すき者として誕生した経歴をもっている。被布《ひふ》をきて、宗匠頭巾でもかぶって、俳句をやりながら、つれづれなるままに、まず石器の珍妙な形を楽しもうという寸法であった。考古学はそれらの金と時と低徊趣味にめぐまれた人々によって、はなはだ好ましくないスタートをきった。とにかく、暇だから慰めに楽しもうとした精神状態においてのみ発生した。物にたいする興味、蒐集趣味に起因する物慾、それが唯一の原動力であった。第一にめずらしいもの、壊れたものはあまり珍重されず、とくに薄ぎたない土器の、さらにその破片においては言語同断であった。若いいまの考古学者たちは一様にそれにたいする苦々しい印象を持っている。新鋭なる考古学者は古物にたいする愛撫や憧憬から出発したのではない。それだのにわれわれはしばし

ば、若いのによく考古学をなどと、情ない的はずれの讃詞をいただいたりして、呆れられたりしたものだ。われわれにたいする考古学者なる響きは、若さにたいする耐へがたき侮蔑をのみ感じた。私一個の話は許されるべきでないが、すべてに異端視された私は、盗むように採集し、発掘し、あほうの煙幕をはりつつ学問をもした。教育も、肉親の愛情も、わずかな友情をのぞいては、すべてが私の敵であったりした。ああ、いまにその頃の青年らしい真剣な苦悩をおもう。趣味が学問の体系を取るためにわたらなければならない、その過渡期の苦悩が身にしみたのは、私一人ではなかった。苦悩の鍬で掘りさげた学究はおよそこうだ。聞かれもしないのに不必要な説法をしようとする。そんなことはどうでもいいとして、元来考古学は三度の飛躍をした。一度は骨董趣味の対象として、一度はもっぱら科学の影響を主潮とする地質地理、ないし古生物学的な方法によって行われた精細な発掘と分析の時期、今度はさらにそれが綜合されて人間としての生活の歴史に編集されようという機運である。いまやこの階段で戦っている。ただ、昔の方々の観念にある考古学と、現在の考古学とがまったく異った意識のものであることを念頭において話を進めようとおもう。

一番に難解な土器の研究を第一歩に克服せよ

さて、いま私は「日本考古学の王道」はと問われたらなんの躊躇《ちゅうちょ》もなく土器を知ることだとお答えする。われわれのこんな大言荘言も所詮はさんざんに敬遠されてきた土器の分析、総合より導かれてきたものだ。極言すれば日本の古代史であり、古代文化であり、古代生活であるすべては土器を正しく理解することによって再出発するものだと申しあげてもいい。事実、古代史研究家各位は、土器を分析することをはなはだしく面倒がり、嫌うのである。悪癖だ。私は太鼓判をおして保証する。その一重の垣根を越さない以上、古代史の研究はおそらくいつになっても同じ個所をうろついているだろう。私はここで土器そのものの、積極的な解説をしなければならない。しかし、それは私の面白くもないおせっかいな忠告が、中途でむなしく捨てられてしまうことにほかならない。それほどに土器の細別と総合、その方法と成果、つまり考古学の Royal road は解説にやっかいな代物である。

やむをえない。私はそのもっとも重要な土器の話と、その研究の方法をあとまわしにしよう。私の読者を半減されないためだ。もう頁がない。つぎにはわれわれの土器の研究その他より達しえた、信濃の古代生活の概要についてお話したいものだ。おそらくそれは私のこの乱暴さを悪感から救ってくれるであろう。もちろん、それは一編の概算書にすぎない。ただ信濃に住まれる郷土史家各位が正しき考古学の認識を持って、その所論の補強工作をされたとき、われわれのその清算書は認印をおされるのだ。

(昭一二・九・二〇)

一一　南薩摩の神々

物質に形象された文化の上からみると南薩摩はかならずしも日本の他の地域に比してすぐれてはいない。

これは世界的にみて、日本文化自身これを諸外国文化に比するときも肯定せざるをえない現象である。元来、われわれ日本民族は物質文化の高低をもって民族文化の基準とする考え方をもたなかった。じつに物質文化の絢爛《けんらん》さもこれを覆うことのできない、質朴ながら高い精神文化は、すべての時代を通じて毅然《きぜん》とぬきんでていると信じていた。これはあながち現代史家の専売とのみ考えられない節がある。古代および上代において畿内を中心とする大和文化の極盛にあたっても、なお、心にはなれることのできない文化の中枢的核心は、はるかに素朴な物質文化しか持たなかった伊勢であり、出雲であり、それよりも日向であり、薩摩であった。

私どもの学ぶ考古学はもっぱら物質的遺物を対象として、去りし祖先の文化なり生活なりをよみがえらせようとする学問である。この学問が欧米文化の輸入とともに科学的方法をいれて生ひ立ち、いまや、すくなくも物質文化にかんするかぎり、日本の各地域にわたり、文化の変遷において一応の見通しを定めうるにいたったことは、大いなる功績として忘れることはできない。しかし、これをもって日本文化は説き尽されうるであろうか。いや、だれよりもさきに考古学者は答えるだろう。物質文化のみで解決しえないなお多くのものを含んでいると。

過去において、われわれが完全に欧米流の学風に魅惑され、その羈絆《きはん》からぬけだすことができなかったとき、わが神話に現われてくる諸々の神々の事蹟にたいして、なんとかして具体化した事実、すなわち考古学的資料をもって立証すべき真摯な努力をつづけてみた。しかしそれは果されずむなしかったのみならず、むしろ往々にして逆の事実に遭遇するのであった。

まず神代史において力強い文化的活動を記録される神々に出雲族がある。出雲およびその四隣の日本海海岸地域、さらにその勢力の東漸した高志の国越後、信濃の諏訪、そうした地方になにかしら有力な文化の移動した経路がみいだされないであろうか。

日本列島の第一次文化として縄文式文化の場合を考えてみよう。当時文化ははなはだ東日本的で、その中心はむしろ越後、信濃、甲斐、尾張等の一線より北東にあり、もっとも完全に生長した文化の型はじつに相模、武蔵、下総、常陸にみるところであって、出雲を中心とした一つの型はみいだすことができない。つぎに弥生式文化である。前者にひきかえて、この文化は大体においてははなはだしく西日本的である。

その中心は、いわゆる五畿内であって、そのうちもっとも古式に近いものは九州北部にも分布し、新しい時期においては、はるか関東や東北にもおよんでいる。要するに、前者縄文式文化はおそらく洪積紀と称される古い地質時代からすでにわが国土に住みついて、その人種および文化には、南方および北方のいろいろの要素が融合し、浸潤《しんじゅん》しあって、日本縄文文化の時代においてはもはや、全島ことごとくその文化および生活圏のなかに統一されていたのである。これにひきかえて、つぎの弥生式文化は極盛期を、大和を中心とした畿内にもち、北九州、瀬戸内海、大阪湾、畿内、伊勢湾と一連の流動する文化圏の帯をもった新興文化である。

両方の場合においても、じつに出雲は文化的僻地である。さらについで大和朝廷の文化的象徴たる古墳に代表される古墳時代文化も、これが明らかに弥生式文化を継いで、それの延長である以上、出雲がその遺跡・遺物に特記すべき特色を残さないことは当然である。こうしてみれば、結局出雲は大和朝廷の尊崇の地でありながら、そこに活躍したと伝えられる神々の実証的足跡はきわめて貧弱なものであったといわなければならないであろう。この点はかつて肥後和男氏も論及したことがある。(『文化と伝統』の「出雲神話の日常性」八一頁)。

わが薩摩の場合もまたこの事実をいでるものではない。神皇三代の事績に象徴される南薩摩は日本民族の故郷であり、帝国発祥の地といわれる。すなわち、久しい民族の伝統のうちにつちかわれてきた唯一無二の聖地である。それならこの地にはすばらしい物質文化の華が燦然《さんぜん》と栄えていたであろうか。

考古学的資料によって九州島をみるに、私どもはいつもそのはなはだしい偏在の仕方におどろくのである。例によって、まず第一に縄文式文化の場合をあげるなら、前述したように九州島全地域にそって、その足跡はくまなくあるが、わけても比較的完全に発達したと思われるのは、筑前および肥後を中心とする、おのおのの圏内であって、南薩摩は日向等とともにすくなからず遜色《そんしょく》を覚える。すなわち、まず北九州に文化的中心圏を認めて大過ないであろう。縄文式はやむをえないとしてそれが現日本文化の直接の母体であると目されている以上、弥生式文化こそ南薩摩に多いのではないだろうか。しかしこれもその中心は縄文式よりさらに顕著に北九州にその中心をおいているのである。それのみならず、北九州における弥生式文化は学者たちによって遠賀川式土器と称へられる一群の土器によって弥生式文化最古のもっとも始源的な形態をとどめているものと考えられ、近代日本文化の基調をなす弥生式文化はじつに北九州に発生して瀬戸内海を東漸し、畿内において完成した後、さらに各地に伝播したものとすら考えられている。

　神日本磐余彦天皇《かむやまといわれひこのすめらみこと》の東遷のすくなくも崗《おか》の水門以東の雄図は、すなわち、この弥生式文化の見せるところとほぼ考えられる。要するにわれわれは日本建国の文化的、経済的根源を北九州の地にとり、そこの弥生式文化人がもっぱらその実際運用にあたったものであろうことを信じるものである。これは、東遷の記録に徴しても、筑紫の菟狭《うさ》より崗《おか》の水門にいたる大廻路が、意味のない消時とは考えることができないであろう。そうだとすれば弥生式文化最古式に推定される北九州遠賀川式にならったような文化遺物が南薩摩の神都に近く遺存されているのであろうか。

　私は前後二回にわたってそのために南九州を中心に周到な旅をつづけた。そしていま、もちろん暫定的な結論ではあるが、薩摩には古式弥生式文化はきわめてとぼしいかあるいは無に近いのではあるまいかと思っている。事実、薩摩および大隅の弥生式文化はすくなくとも弥生式文化の中期以降、もしくは末期弥生式の文化にかぎられているのではあるまいかと思われる。弥生式の末期を学者たちの推論にしたがって国史上に年代をもとめるなら、おそらく大和朝廷の創立の意識しはじめられた時期に該当せしめうるであろう。そして大和において日本の歴史が築かれつつあるころ、ここ、南薩摩は僻陬蒙昧《へきすうもうまい》の地というよりも、むしろ一種はろけき、遙かなる国として文化のそとに残されていたものであろう。

加世田町鳴石ケ岡の鳴石
竹矢来の中，非常な尊崇をいまも残している。

この傾向は、ついでくる古墳時代すなわち大和朝廷の大伸展期においてもまた顕著である。私どもは日本国土のうちにあって、薩摩とくに南薩摩の地をもっとも古墳のすくない地方の一つとして指摘できる。この点、大隅はおのずから異った地位にあるが、たまたま、土持鋤夫、住谷正節両氏によって発見された川辺郡万世町小湊字相星の六堂会古墳（『古代文化』第十三巻三号）は南薩摩発見の唯一の地下式箱形石棺墳墓である。日本の古墳時代文化はいうまでもなく、畿内にその源を発し、これが日本全土に拡散してゆくのであるが、九州島においては筑前を起点とする一つの流れと、日向を起点とする一つの流れとがある。前者は筑前筑後、肥前肥後等を中心に一種大陸風の影響の強い文化の華を咲かせている。

これにひきかえて後者はまず日向に西都原を中心とする古墳文化が栄え、それはさらに東海岸をつたわって大隅にいたり、太平洋岸に面する肝属郡東串良町唐人原、塚崎を中心に、中末期古墳文化の爛熟《らんじゅく》をみるのである。それなら南薩摩はどうであろうか、事実、肥後国というよりも大隅国の範疇とみたい一古墳が、前記万世町六堂会に発見されたのみである。すなわち、古墳時代にもその全時期を通じて南薩摩は依然特殊な地として、人為的な物質遺物はあまり残していないのである。

さらに日本書紀第三十持統天皇六年の条に「乙酉、筑紫太宰率河内に曰く宣しく沙門を大隅と阿多とに遣して、仏教を伝ふべし」とあるが、奈良時代にいたってもなお、阿多すなわち南薩摩は特殊なる地として、あらゆる人間の文化から遠ざかっていたのである。私どもは、昨冬の踏査にあたって阿多村新山上橋において発掘された奈良時代末に該当すると思われる一火葬骨壺を見た。これこそ、前詔勅の事実、この地における仏教の伝播《でんぱ》を物語る貴重な資料の一つである。

ここにいたり、私どもはついに神都、加世田の地を無人未開の南陬蒙昧《なんすうもうまい》の地として神話を疑うべきであろうか。神話を疑うことと、神々を人格化しようとすることとは自ら別の問題である。人々の考えさせられた神々の母国南薩の地は、現世の生活によごれた土地であろうはずがない。それは天であると、同時に日本人の脳裡からはなすことのできない理念と思惟の築いた崇高なる土地として具現せられたのである。高天原よりの神話の当然の発展は地上である。こうしてそれは、文化の中心地よりはるか遠い高千穂の峯であり、南薩摩の阿多長屋笠沙岬であり、あるいはあの峨々《がが》たる宮山であり、さらに加世田郷の宮々である。そのいずれも人々の近づきにくい、人々のよく穢《けが》さざる遙けくも崇き土である。物質文化の遺物からまったく否定せられるべき日本民族の故郷は、あまり

加世田町京ノ峰の長持石

巨石崇拝と神代三皇の伝説がたいてい必着している。

にも人の世の都とはことなった様相、神々の姿においてのみ存在するのである。神々はあくまで神々の姿としてそのあるべき位置を神話は示していてくれるのである。

しかも神都加世田郷方面においては、幾多のその機構において類を絶した磐城、磐境が、ちょうど人の世の文化の高きを誇りつつ、なお空しきを眼下に、厳然として存在している。その多くは古社とつらなり、神蹟とむすび、遠つみ祖の尊崇をつたえている。私は昭和十六年冬、加世田郷町村および鹿児島県当局の厚意によって、三十日の長きにわたり、薩摩大隅のそうした神蹟に残された祭祀遺跡を調査した。その数はもっとも完全に保存された川辺郡加世田町白亀山をはじめとして、じつに二十個所にあまるものがある。そしてその結果、はてなき混迷におちたのである。遺跡なき地に宮座を語り、自然洞窟に皇陵を論ずることはできないのであった。ただ、るいるいとして残された前記巨石遺構に神々としての神話の安住地を見出したのである。

（昭一七・二・二）

一二　貝塚のない湖の回想

私は信濃の諏訪湖の見える丘の上でそだった。

じつに自然のなかにころがっているようにして子供時代をすごしたものだったが、なかでも忘れられないのは蜆《しじみ》取りである。「しんじとりいけや（蜆とりに行こうや）」と、幾人もの子供が、湖の砂の浅瀬へ並んで膝から肢のあたりまではいって、半日かかって足指の先きで蜆をとった。

多分、いつも一人で二升ぐらいはとれたとおもう。しじみは朝や昼はめったに使わないで、たいていは夕食に貝のまま味噌汁のなかへいれてたべた。「しんじいにけいがらがなきゃなあ（蜆に貝殻がなければいいがなあ）」とたちまちお膳の上に一杯になる貝殻はいつも子供たちの口をとがらせた。

中学校へゆくころ私は街へ住むようになった。

いつか、前の道路を工事で掘りかえしたところ、多分三尺もあったろう蜆の貝がらの層が七、八軒の屋並みにそうてでてきた。そこは明治二十年ころまでは、城下の街はずれの泥田の中の一本路で、界隈には貧しい人が原人のような簡易生活を営んでいたのだそうだ。私はよくとったものだなと足指の先きの感触でその量に驚いた。

ところが私が中学三年になった頃から、湖水ではほとんどまれにしか蜆がとれなくなった。

諏訪湖の真冬のシジミとり

氷を割って長柄のシジミジョレンでかきあげる。

元来、諏訪湖の蜆は一つの名物であったので、驚いた土地の漁業組合では、きゅうきょ霞ガ浦から大量に蜆を移入して放養したが、何回くりかえしても一度とるだけで繁殖はしなかった。ところが、移入シジミにたまたままぢっていたカラス貝と蝶貝がものすごく湖底にのさばりだした。私の体験ではドロ貝（ヌマガイ）という真黒の細長い泥くさい貝は少しいたが、カラス貝や蝶貝はまったく以前の湖にはいなかった。カラス貝は赤味の強い円味のある二枚貝で、蝶貝は殻頂の一方にするどい突起のある青味がかった、ちょうど羽根を閉じた蝶を思わせる、成貝は片手に一つしか持てないほど大きな二枚貝であった。

最初はカラス貝が、非常にふえたが、しだいにこれは減って、私が成年した頃はめったに見あたらず、ドロ貝にいたってはまったく絶滅しつくしてしまった。蝶貝の肉は私たちには、いかに努力しても、まずくて食える代物ではなかった。漁師は肉をすてて貝は粗悪のボタン材料にした。そのため、底掻《そこかき》漁業は全滅してボタン工場の若干がこれにかわった。蝶貝が蜆、カラス貝、ドブ貝はいうにおよばず、あらゆる湖水の生物を喰いまくったのだと漁師は歎いていた。蝶貝は湖底を埋めつくしたといってもよかった。浅瀬にはいればその殻頂で足を痛め、舟からとびこんで二尋《ひろ》ぐらいの潜水で、湖底の泥をめくらめっぽうに掻けばかならずハンドバックほどもあろうという奴が手に引っかかってきた。一つには湖水自身このごろ急激に老年相を呈し、湖岸の温泉、市街、工場からの排泄物で、水ははなはだしく汚染し、砂浜は泥床にかわってきたからだろう。諏訪人はあまりに蜆をたべなくなった。というのは諏訪湖蜆はたしかに青びかりのする、いまなお回想に鮮やかな貝殻の色沢と、味をもっているのである。売り込んだ名物は止めるわけにはゆかず、浜名湖や霞ケ浦の旅蜆が諏訪湖蜆の名声の下に一升七十銭以上でひさがれたが、またはなはだしくまずかった。さてそこで、諏訪湖の住民の歴史はこうである。

古くから鯉や鮒《ふな》、鯰《なまず》、鰻《うなぎ》等は棲《す》んでいたであろうし、また石器時代などの、現標高七九〇米《メートル》線ぐらいにまで水面が及んだとおもわれる頃には、湖齢いまだ若く湖水は清麗で、おそらくは姫鱒や、岩魚、アメノウオ、ハヤ等が、鯉や鮒以上に多かったにちがいない。もちろん、主産地は北信濃千曲川であろうことは疑いないが延喜式の信濃の調《ちょう》に鮭の卵が数えられているのでも、その魚類相はおもいなかばにすぎるものがある。

移住者の経歴をつくってみると、まず、天正十八年には高島城の築城主日根野氏が琵琶湖から源五郎鮒をつれてきた。いまにいうヘラである。おそらくこの時期が鯉、鮒の全盛時代であったのではあるまいか。江戸時代にはいって、寛政七年、高島城下の有識宮坂伊三郎有位は甲斐の河口湖から小海老《こえび》を運んで放流した。これは成功して十年後には諏訪湖名物の一つとなった。十数年後の享和年間には最重要な水産物の一つとなった。この海老も消長の運命を蜆とともにした。昭和初葉、蜆が滅びるとともにほとんどいなくなって、後へはこれまた霞ガ浦からきた手長蝦《てながえび》と称する煮ても揚げても喰えない奴が天下をとった。この宮坂有位は諏訪湖の鯉五十尾を甲斐富士五湖の一つ西湖へ移殖した。とにかく、諏訪湖の水産はこのころようやく盛んになってきた。

伊三郎有位の子恒由は天保十年、甲斐の茨沢川《いばらざわ》から蜆一石五斗を輸送してきて放した。ついで十二年に二石を放した。じつに、山間の諏訪湖へはいった最初の蜆は甲斐の山峡の清麗の河蜆《かわしじみ》であった。それから十年たった嘉永のはじめの記録によると、湖底のいたるところにこれをみないことはなく、一躍、諏訪大名物の名をほしいままにしたとある。諏訪湖に蜆が生棲して、これが人類の食用にされるようになったはじまりで、まず大体八十年ぐらいと見つもっていいだろう。その盛行期

諏訪湖の殿村貝塚
最近発見されたもので縄文中期，貝はすべてオオタニシ。

は徳川末から明治、大正の中葉まであったわけだ。貝塚もあった、はじめに述べたかの非人貝塚もその一つである。またこのころ、諏訪へ帰ってみるとあの湖底をにぎわせた闖《ちん》入者蝶貝が全滅してしまっている。なんと驚いたことだ。蝶貝の文字通りの三日天下はわづか二十年そこそこだった。人々はこの食料不足に美味ではなかったけれど、一握りもある巨大な肉塊を思ひ出してしきりと惜しがっている。蝶貝は数年にして湖底の王者になりあがり、そしてなぜ貝塚も残さない短い間に滅んでいってしまわなければならなかっただろうか。

大正七年発行の田中阿歌磨博士の『諏訪湖の研究』によれば、諏訪湖の住民のうちにタニシ科のマルタニシ、ナガタニシをあげているが、いまはもう二つともいない。前鰓科ではチリメンカワニナの天下になってしまった。こうみてくると、蜆、ドブ貝、カラス貝、蝶貝やマルタニシ、ナガタニシはみんな各々とても短かい間に盛衰している。水産動物のうちでも、貝類という奴は、とくにその自然環境、水質、水温、微生物の状況に敏感なのではあるまいかとおもわれる。とくに諏訪湖の場合は、しだいに進んでゆく水質の変化が大きく、彼らの死命を制しているものに違いない。

ところが、前述した宮坂家の記録が失われてなかったとするならば、だれでもシジミは、鯉や鮒とともに諏訪湖の昔からの住民として信じてしまうだろう。諏訪湖にはかならず石器時代の貝塚があるはずだと、専門の学者すらが疑っている。心すべきことはこの事実である。私の一人思案だけですましてしまいたくない。いま、東京の動物蛋白《たんぱく》を一手に引き受けている千葉海岸のハマグリやアサリがまたいつの世か滅亡してしまわないとも限らない。そうした貝類の宿命を考えるとき、つくづくと貝塚の堆積なるものに信がおけなくなる。上層のものが、下層のものより新しいことはなんの異議のあるはずがない。しかし、その時間的差異ということになると、ちょっと考えざるをえないではないか。

私は信州から関西へいってつくづくと貝がたくさん生息しながら貝塚のない湖や海の不思議さをいぶかり、また、東京へきて、この考古学の田舎者は、貝類のいない海の貝塚のすごさに、ただあきれている。私といえども先史学の進歩が貝塚なしではまったく前進しないことを知っているし、私自身また底知れない貝塚掘り亡者の一人になりはてることであろうが、しかし貝塚のない湖の回想は、この貝塚新仏《あらぼとけ》にいたたまれない苦慮を与えることである。

（昭一五・三・一）

一三　日本農耕文化の伝統

日本文化の根流はいくどかの変遷をへていまにいたっても、なおすべてが抜くべからざる農耕生活の約束に立脚している。おそらくは今後われわれが一切の農耕をやめて、よりメカニカルな生活機構に立脚しようとも、いままでのながい農耕的様式の生活習慣から確立された農耕的文化は国民生活のあらゆる部門から忘れ去られることはないであろう。

もともと日本の国土は、寒い北の海から灼熱の南の海へ、大陸の縁に沿うて横たわっているため、その生活の環境はおどろきに価するほど各地各様である。

それのみならず小さく一地域単位にとりあげてみても、ほとんど海あり湿沢あり平野あり、あるいは山あり谷ありという有様で、たとえば支那大陸のように、乾燥した内陸においては、絶対的に狩猟放牧の生活が、鋭い武器のすぐれた文化をはぐみ、その半面、黄河・揚子江流域の湿潤地帯においてはすばらしい農耕社会の文化の華が燦然《きんぜん》と咲いた、こうした単純な土地柄とは環境においてまったく違うのである。

幾千年をもって数うる過去の第一次日本住民は、まずそのすぐれた環境の生活立地により捕食しうる鳥獣類、魚貝類、植物食料などすべてあるものを食料とした。要するに日本原住民の生活は、豊かな自然環境に恵まれたために、狩猟とか牧畜とかあるいは漁撈とかいった一生活手段に固着することなしに、比較的安易な生活をつづけることができたのである。いうまでもなくこれが日本の近世にいたるまで、本義的な牧畜も漁撈も農耕も発達し得なかった理由であった。

日本住民の歴史の大半以上を占める縄文式文化はこのように採集経済に立脚していたため、土器や石器の製造では、世界新石器時代の華形《はながた》であったにもかかわらず、その末期においては生活の破綻よりまざまざと退嬰《たいえい》の影を宿してきている。

こうしたときに、われわれは北九州を中心とする西部・瀬戸内の一角におどろくべき文化が栄えようとしているのをみるのである。石器・土器の製作技術および性能を比較するなら、それ以前に盛行した縄文式文化にたいして、新しいこの弥生式文化はかならずしもまさるものではないが、定住的な農耕に立脚した生活機構より生ずる力強い社会文化であったことはおどろくべき日本の革命であった。

一部の考古学者は、その文化の主要構成因子は先進国たる大陸より招来された農耕による生産経済機構と金属利器の利用であるといっているが、むしろその実体は弥生式土器のしめすようにたまこの地に発達した独特の民族の力によるもので、よくかの地の新しい文化をとりながら、その力には屈しなかったものとおもわれる。

この弥生式文化の第一期はまた遠賀川式文化とも呼ばれるが、九州から瀬戸内、大阪湾から大和盆地と各地に屯田兵前進基地的な大遺跡を残しつつ、とくに大和に栄え、さらに近江・岐阜・伊勢から尾張にいたってふたたび大中心地を形成している。これこそわれわれの建国期における忘れることのできない最重要のルートであったわけだ。しかもこの一連の文化波動はきわめてスピーディに運ばれたもののようで、その堅固な縄文式文化の生活立地のなかを、むしろ迫力の弱い武力をもって進む文化の不思議さは、要するに縄文時代晩期末における文化の経済的ゆき詰りにたいする、新しい生活の社会文化の宣撫《せんぶ》力《りょく》を考えなくてはならない。とにかくこうして日本初期農耕文化の建設者である弥生式文化人は、第一期についで第二期、第三期と短期間に日本全国土に波及するのである。

建国期農耕文化の実態をまずその生活技術よりみるならば、土器はその容器という単態から出発して完全に各種各様の器態、すなわち器具に発達した。煮《に》るもの、蒸《む》すもの、貯えるもの、供えるもの、喰べるものその他の多様さである。石器の場合なら、単なる石の鈍器、鋭器から発展して、工作用具としては割斧《わりおの》、槌・楔《くさび》・丁刀《ちょうな》・鉋《かんな》・ノミなどが完成し、これは今日われわれの社会におけるものと比較してただ、資材の石と鉄の差しかのこさない。さらに稲等の穂摘みの器具としての石庖丁、農耕工作具としての打製の石鋤・石鍬および木製の鋤・鉄鍬や唐鍬さらに馬鍬など、またゆたかな秋の実のりをおもわせる両頭の杵《きね》や木椎《づち》および立臼もあったであろうし、いくたの植物性の編細工物もこれにくわわって生活をゆたかにした。また土器製作にあたっては、その粘土中に彼らの第一作物であった水稲の籾を混じて、その豊饒《ほうぎょう》を祈った。生活の定着と安定と、作物の週期性は、家族および氏族制度を強化し、富の蓄積や社会および国家の確立とともに、宗教と芸術をはぐくみ、やがて上代の美しい文化の華がさくのである。

こうした原始農耕社会の姿が復原されて、われわれの眼前にせまればせまるほど、つい今までの農民生活と、なんらの本質的な相異点をみいだしえないことにおどろく。じつにわれわれの二千幾百年かにわたる農耕生活は、その当初の様相から大した革命的変革に遭遇したことがない。なぜか、農耕の始原は唯一無二の日本人の道であり、その伝統はこれこそわれわれの世々遵守して誤まらなかった祖先の遺産であるからである。

（昭一四・一二・二四）

一四　日本原始陸耕の諸問題
――日本中期縄文時代の一生産形態について――

小学校の教科書にも、日本の水稲農耕が、いまから約二千五百年前の弥生時代から始まったことが書いてある。いまは、だれひとり疑う人もないこの事実も、じつは大和唐古池や静岡登呂が発掘されるまで十数年にわたって、学者たちの間ですら黙殺されていたわが師故森本六爾氏の、短い生涯を捧げての業績であった。私はまたとない学的な頭脳訓練を、少年期に森本氏からうけて、もの語らぬ考古学の世界の遺物・遺跡たちの黙示に、強く鳴りひびく心の琴線を持つことができた。なんの学歴も持たない一地方人の私が、近畿から九州にかけて、弥生時代の原始水稲農耕社会の考古学的な裏ずけのために、この半生の旅をつづけてきたのである。

戦後、ふたたびこの高原の街に住むようになって、ひどく不思議に思われてならなかったのは、弥生時代の水稲農耕文化に対比して、狩猟生活による文化と、疑いもなく信じられていた縄文時代中期の文化が、いっこうに狩猟生活らしい様相を持っていないことであった。はじめそれは、西日本の弥生時代に比較してみて、かならずしも狩猟的でないという私の感に過ぎなかった。

それから、私はたとえば八ガ岳山麓の大遺跡尖石《とがりいし》などの、代表的な縄文中期の文化現象の吟味に没頭した。尖石には、いろいろ不思議が秘められていた。

まず、宮坂英式氏の数十軒にもおよぶ竪穴住居趾の発掘にも、わずか百くらいの石鏃しか出ていないのはどうしてだろう。石鏃は狩猟生活の表徴である。縄文時代前期の諏訪湖底曾根遺跡[註1]からは、しじみジョレンでかき上げられただけでも実に万におよぶ石鏃が採集されているのに比較して、だいいちに不思議である。いったい長野県の諏訪湖近傍は打石鏃の発見の多い点では、全国に冠たるものがある。その原因は、湖畔の旧仲仙道の和田峠に、ホシガトウにいう全山黒曜石の露頭で覆れた山塊があって、これが、中部地方一帯の石鏃資源の中心になったからと考えられていた鳥居、八幡両氏の説が正しいと思う。私はそれぞれの文化期にわたり、たくさんな縄文遺跡の石鏃出土量を調べあげてみて、そのデータに驚いた。まず、大遺跡には石鏃がすくない、中小遺跡に多い、それは広範に住居の拡散している遺跡に少く、狭い立地に密集した遺跡に多いとも考えられる。つぎに大遺跡、すなわち大集落はほとんど中期縄文時代に限られている。また同じ中期縄文時代に属する遺跡でも小遺跡、すなわち立地の環境によって掣肘されている遺跡は必ずしも石鏃が少いとはいえない。

要約すると、石鏃の問題は文化期の差異より、むしろ集落立地の如何に関係があり、小集落でおびただしく出土する地点は、製造跡とおもわれ、やや多い集落がその主なる消費地と考えられることになる。この調査に際して、諏訪市踊場の、註2二百坪に満たない前期から中期・初期にかけての縄文遺跡から発見された数百本の大型石槍と、その製造過程を示す資料はその好例である。こうなってくると、かつて、鳥居龍蔵博士以来、中部山岳地帯に、縄文時代中期最高の文化が栄えたのは、和田峠の黒曜石資料の全国的交易によるものだという考えが学界に通用していたのはどうもすこしおかしいようである。一因はそれに違いないが、黒曜石がもっとも使用されたのは後期、あるいはむしろ後期に近かずいてからで、中期の大集落の形成はどうしても、石鏃いい換えれば狩猟生活以外の原因を考えなくては、理解できないのである。

つぎに、いままではなんの疑いもなく打石斧といわれて、学界には放置されていた粗製扁平の打石器である。その形態の上から短冊型・撥《ばち》型・分銅型の三つに分類されていたが、じつはかつて大山柏氏が注目したように、体の彎曲しているものと、いないものとの分類の方がより本質的であったようである。一面に岩石の皮を残して体部の彎曲したものは、たいてい大形扁平で刃は鋭くないが、使用された例では刃がピカピカに磨滅している。着柄したことと、刃は柄に直角につけられたことが特長である。

両面がたんねんに打ち欠かれ体部の彎曲していない例は、多く桃実の形で、上半部はやせて握ぎるのに適し、下半部は厚いが、鋭い尖端の刃を持ち、着柄せず使われた一種の握り槌である。前者は石鍬・石鋤であろうことには、学界いまや異論はない。この石鍬・石鋤が、石鏃と反比例して、おびただしい量で登場してくるのが、問題の縄文中期である。この地方でも、握り槌様の打石斧が数において比較にならないながら、縄文前期にはある。しかし、中期にはまったく影をひそめて、石鍬・石鋤が完全に石製器具を代表した感を呈している。八幡一郎氏は竪穴を掘るための主因を考えているが、むろんそれだけでは満足な説明とは思われない。

石鍬や石鋤のほかに、前期中葉に出現して、中期に爆発的に盛行する石器に乳棒状石斧がある。私はこの石器について数百の標本を集め細かい調べをしてみた。輝岩・閃緑岩・片岩類・輝緑岩などの岩石を、先きの尖《とが》った工具で、啄敲《たくこう》して製作した、頭端の細い、断面円形で、棒状を呈する石器である。体部は一面は啄打した凹痕アバタが残り、刃部は極端に張り出して、物を切断するのには適していないが、ピカピカに磨かれている。細かに観察すると、どうもみがいたものではなくて、土の中にでも突き込まれて磨滅したものらしく、小石などで、擦れたキズと思える。しかも、新しい製作されて間もなく埋没したらしい個体では、刃部まで啄打痕があってぜんぜん磨かれていない。

そのたたいた痕の部分と、磨擦された部分との差は、石器を上端から柄ではさみ、垂直に土中に突き込んだと考える場合によく符合する。つまり着柄のなかに覆れた部分だけ啄敲痕（つついてたたいた痕）のアバタが残ったわけである。また、全体の比率として、刃部が垂直の衝撃で破損したと思われるものがきわめて多い。私はそれらの諸現象を総合して、乳棒状石器を、掘り棒の先につけられた石器と考えた。鍬と鋤にやや先き立って掘り棒が、石を材料として登場してきたのである。

弥生時代の水稲農耕生活においては、鍬も鋤も、すべて木製であった。けれども、この場合は、刃だけは石にしなければならなかった。なぜだろうか。とうぜん、木の農具には、その工具としての金属の存在が考えられ、石の場合は、それ自体が工具であり、また、道具であった、二つの技術階程の差と考えられる点もあるだろうが、それよりも、水沢沼地の泥田に木が、石ころまじりの山土には石がより適した掘り具であったとする方が、より正しい考え方ではなかろうかと私は信ずるのである。水稲農耕と陸耕、むろんこれは、弥生時代の生活にもいえることである。

がしかし、掘具を農具とする強引さは、私も好まないところである。

中期縄文文化期の、あらゆる現象に眼を向けよう。石皿・石臼といわれる石器は、かならずしも中期の所産ばかりとはいえない。前期、すでに早期にもある。けれども、それは砥石または皮ナメシに用いられたかと思われる不整形のもので、整った定型を持ってくるのはこの中期からのことである。そして、その形状およびエジプトなどの実例に徴しても、木実・芋類さらに雑穀類を製粉し（石臼）、またパン状にこねる（石皿）のに用いられた道具であったろうことは疑いない。中部山岳地帯のいくつかの大遺跡では、とうてい動かしえない大盤石の一面にいくつかの臼状の凹みを持った、集落共同製粉台が、一、二に止まらず発見されているのである。また、石皿・石臼は一つの定型の上に、その周囲を美しく磨き出された渦文などで飾られたものもあって、食物を生み出すものへの、大きな讃美を認めないわけにゆかないのである。

讃美といえば、石棒の場合も大きな農耕的要素である。地面にでも立てたとしか考えられない長大・単頭のペニス状の石棒は、やはり中期に盛行したものである。昨年度宮坂英式氏の与助尾根第八号住居趾の発掘に当っては、石棒に近い磨かれた柱状岩石が、竪穴床面の一隅に石で囲まれ、きわめて鄭重に立てられたまま発見されて、中期の石棒が地母神信仰の一表現として、植物栽培の存在を暗示してくれた。石棒が、後期にくだると、しだいに小形の細い携帯用の飾り石劔にかわり、奇異をほこる個人の威儀具にかわることについては、いまは述べない。

確かに、原始的な地母神信仰は、諸原始民族の初期陸耕生活の象徴である。日本縄文時代中期文化の場合、土偶も明瞭にその一証拠であろう。土偶は早期にすでに出現している。その像型は簡単素朴だがもう、乳房だけは忘れていない。中期になると可愛い顔面の表現、乳房陰部、さらに大きくふくれた腹部など、百パーセント女性像であり、それも明らかに妊娠を思わせる像のすくなくないことは注目しなければならない。

さらに、火切用の凹石も見逃せない。凹石は日本石器時代全期を通じて見出される火切りの上圧石である。中期の大遺跡の場合、遺跡にころがっている掌に握りうる手ごろな石ころは、すべて磨擦孔をもつこの凹石といって間違いないほどに、ばく大な量に及ぶのである。火が人の生活の膨張とともに必要なことはいうまでもなく、ことさらに取り上げることもないと考えられもするが、かくも多量な発火を要したことは、広い範囲におよぶ同時発火の焼畑農耕の存在を考えていい暗示であると私は信じている。[註3]

さて、私は文化遺物の上から日本中期縄文時代の一生産形態として、原始焼畑陸耕の行われていたところを力説したわけであるが、なお、その家庭・集落と集落立地の状態についても、表裏一つとなるべき事実をあげる必要がある。

中期の竪穴家屋は比較的小さいのが、その一つの特長ともいえる。おそらく一家庭の構成人員は、数名を出ることはむつかしい狭さである。かつて、千葉県姥山《うばやま》貝塚下層の竪穴家屋から発掘された不幸なる一家の五人の遺骨も、その家族の状態を物語っている。小さいということが比較の問題であるなら、前期の竪穴家屋ははるかに大きい。そして、最大一〇数個が一集落を構成し、さらに一家屋が一集落である場合すらすくなくない。けれども、縄文中期にはたとえば諏訪尖石のように、宮坂氏によればその小家屋はじつに五〇〇と堆定される数[註4]が一集落を構成している。かりに、五人一家として、じつに二五〇〇人の一部落である。そして、広大な洪積層台地、または火山裾野の森林地帯に、一キロ以内の間隔で、こうした大遺跡が点在している壮観は、今日の山村を見るに近い。こうした大集落群は、日本古代では縄文中期と弥生式時代をのぞいてはない。前者は高燥地《こうそうち》で、後者は低湿地であること、換言すれば陸耕と水稲の差異のみである。いうまでもなく、一言に中期といっても、その間にながい時間の経過があって、それだけの人口が同時に生息したものでないことはもちろんである。一軒の家屋が三度くらいに建て直されていると私は観察している。けれども、それにしても純狩猟生活によって、はたして養いうる戸数であろうか。

日本縄文時代の集落は馬蹄形、または環状集落のカテゴリに入るものと思われる。尖石の場合も、その明確な一例である。推定五〇〇の家屋は、尾根の中央に広い空地を残して、基部の開いた馬蹄形集落と推定されている。一種の広場集落でもありうるのである。中央の空地には、一般家屋はぜんぜん営まれず、ところどころに大きなピットやまたは大石がおかれ、大型土器が石でおおわれて埋められていたりする。一般家屋は、その外周でほぼ一線にこれを囲み、その線内で、二、三度の小移動をしているに過ぎない。中央の広場が、全集落民によって守られた広場であったとするなら、労働と生産物の分配、政治・まつり、さては夕べの踊り、すべての集落生活の中心が置かれたと考えていいだろう。私は東・北欧の中世に行われた広場集落、原始共産制陸耕生活の整然さはないとはいうものの、そのきわめて原始的なスタイルとして尖石の場合を解決したいと思うのである。

それらの集落の立地から見ても、前期の狩猟生活の小集落が、小孤丘上や山上・谷頭など、きわめて集約された狩猟的な立地を守っているのに、この中期の広い裾野や台地は、それ自体狩猟には無理な地形ともいうことができよう。

さて、こうした集落が八ガ岳山麓尖石にだけあるというのなら、じつは大した意義を持たないのである。

この勝坂期より加曾利E期にいたる縄文中期の集落が、この中部高地に限られるものでないことはいうまでもない。東北・関東にはもちろん、北陸にも近畿にも中国、さらに九州にも存在する。ただ、西方では美濃――越中の線、東は磐城岩代の線から外は、小規模な集落しか形成せず、その文化遺物は尖石のそれには、比較すべくもない退嬰萎縮《たいえいいしゅく》した発達に止っている。

尖石遺跡を、日本中期縄文時代の部落国家の星座の一主星とみて、これを起点に、その文化圏を考えてみよう。西方へは、まず天龍川を下って、有名な天龍川岸段丘の第二第三段丘の太い帯には、同じ標高で横につらなる数々の大集落が点在する。木曾川では谿《たに》の若さのため、せまい谷に支配されてきわめて小規模であるが、同じ状態が見られる。けれども、濃美平野へこの川が、一歩突入した岐阜県太田町の下古井二つ塚遺跡では、すでに、これがはたして同一時期に属するものであろうかと疑われるほどに、はげしい西日本的な萎縮衰微現象が現れている。犀川流域では松本平の鳥川・梓川のファンの上や、中小孤丘の中山村埴原の広い台地にかなりさかえ、それは姫川をぬけて、糸魚川地方から越中方面までのびているが、そこで止り、千曲川も同様、南北佐久地方を最盛に、西越後山地で終っている。

西方の萎縮に反して、東方はきわめてさかんである。まず、八ガ岳の火山麓には、尖石集落につぐ大集落が枚挙にいとまもないほどにつらなる。北は茅野市米沢・北山などのいわゆる北山浦の諸遺跡から、南は山梨県側の小淵沢小海線ぞい、穂坂小学校庭、韮崎に近く七里ガ岩の火山台地の尖端の坂井にいたるまでが、その八ガ岳山麓中期縄文文化圏を構成するものである。さらに、東山梨、八代方面の洪積台地より都留地方へ、桂川の段丘を伝って、関東地方の多摩丘陵へひろがり、全面的にみても、尖石集落に比肩する大集落、八王子浅川付近の楢原や中原・西秋留《あきる》を残している。東北地方でも、この中心部の火山帯をつらぬく、高原台地に類似した那須地方磐城、岩代地方にほぼ同じような状態で分布しているのである。

こうした中期縄文時代人の、選びかつ膨張した生活立地の好みを要言すれば、高原・北方（寒冷）・

火山（火山灰）であろう。

この諸要素に貫かれていくものは何であろうか。ユーラシア大陸新石器時代の寒冷な森林地帯に始まった、ハック陸耕に類似するものでなくて何であろう。縄文時代の早期の山頂・孤丘における拾集生活、前期の谷頭・孤丘山上における狩猟生活、後晩期の川岸・海岸における漁猟生活、弥生時代の湿地における水稲生活と考えるとき、この縄文中期の高燥台地の生活が焼畑陸耕生活によったものと考えることは、むしろきわめて自然ななりゆきであるに違いない。

ただ、きわめて残念なことは、こうした高燥地の発掘では、静岡登呂の泥土とは違って、有機質の穀物の実体をつかまえることは困難に近い、かの水田跡にそうとうする陸畑跡の発見はまず至難であろう。昭和二十二年冬、病臥中の私は旧友藤森喜代人君から、富士見村の開拓地の森林地帯で地下三尺に、縄文中期の遺物をともなう。巾二尺高さ二尺ほどの礫垣がえんえんとつらなっていたという話を聞いた。私のなしえたことは、こうした地点に国家的な研究の動員が行われてしかるべきと考えたことだけである。

日本縄文中期の原始焼畑陸耕生活[註5]の問題は、今日まだ軽々しく結論を発表すべきとはおもっていない。ところが、最近、私の尖石遺跡についての推論が大いに用いらるようになって、だれがいったともつかず、縄文中期焼畑陸耕と、妙に定説化していくような気配もあるように見えるので、一端の責任を負うと同時に、決して、ここに約言した程度より以上の、確からしさはないのだということを明らかにしておく必要にせまられ、この一文を草したわけである。

註1　この時点では、諏訪湖底曾根は縄文前期と思われていた。その爪型文土器が、関西の北白川下層などに比定されていたからである。いまは、縄文早創期のころから、それ以前の文化と考えられている。

註2　踊場の石槍群は、この発見時に中期初頭、踊場式土器にともなう石器製造跡と考えていたが、昭和二十七年、茶臼山旧石器文化が発見されるに及んで、縄文時代でないことがはっきりした。

註3　凹石の用途については、その後、いろいろな実験が行われ、目下、クルミ割具としての機能について考えている。

註4　同時に共存した一集落の戸数、人口については激しい反対があった。三区分した年代別も甘かったし、その後、数量については反省している。

註5　この文は昭和二十四年冬の執筆で、縄文農耕に関する問題提起の論文となった。以降、いろいろな新資料も加わり、改訂もくわえたが、大綱において今も所信はかわっていない。

一五　春愁の暦

雪解け

昭和二十二年二月二十五日
暖かい日ざしが障子にいっぱい。久しぶりで庭に出てみた。

知らぬ間に、庭の根雪がまだらになっていた。まだ凍てついてはいるけれど、なにかしら匂いがする。

私は重い頭をかしげて、その凍土にかがみこんだ。

黒い土の上に、黄色い毛糸のくずがみえる。それは、よくじっとみると、毛糸ではなくて雪割草の芽だった。

その小さな双葉は、まだ開いてはいないけれど、山国の冬の、黒と白の世界には、絶えて久しかった萌黄で、その白い茎は、まぎれもなく、黒い凍土を貫いている。そして、そのまわりは暖い栗色のリングになって、もううるんでいた。

春がくるんだ――

私は、あたりの斑雪《はだれゆき》の上に、頬をあて、薄よごれた雪の上を、すえるような土の匂いをかいでまわった。

何か、ぼつぼつと動くものがある。灰を散らしたように、二つ三つ、それは小さいながら、新しい命をもった羽虫たちだった。

私は大きく息を吸って、二階の書斎に上ってきて、机に坐った。坐ることが仕事だった。

窓から見おろすと、冷たくいてついた黒い街が、一面に沈んでいる。その向うには、湖の氷の上のざらめ雪がキラキラと光り、六斗川口から、湖尻の天龍川へはいる氷の割れ目は、もう太い帯になっているが、その青は、あらゆる光を吸収する永遠の谷間のようにまだ動かなかった。その向うの諏訪湖の縁は、塩尻峠のコルになっていて、そのくぼみ一杯に、穂高岳がみえた。この、いま私の坐っている家の崖は、中央東線の上諏訪駅の東側へせまった。霧ガ峰新生代火山の溶岩流の最末端で、その断層崖が、諏訪湖盆におちこむところである。断層崖は、活断層でいまも動いている。崖は、そのため、ときどき崩落するが、人びとは、崩れても崩れても、いっこうに平気で、それに

「春愁の暦」のくられた崖の中腹の家

じっとしがみついている。

　私の出征後、妻のみち子が、出版店「葦牙書房」を疎開させてきたところには、そういう崖にぶら下がっているような小屋しか、空いた家はなかったのである。当時、信州の諏訪は、日本出版業の最後の疎開先きだった。日本の出版物の大半は、長野市の日本出版配給株式会社から、全国にまかれていたのである。

　みち子にとっては、この小屋が、最後の出版社統合の歴史部門に残った葦牙《あしかび》書房と、日本古代文化学会とをつなぎとめていた、かけがえのない最後の城だったわけである。

　そこへ、意外にも私が復員してきて事情が一変した。意外というのはおかしいが、ニューギニアで全滅した隊だから駄目だろうというのが、復員係の意見だったからである。

　そこで、東京から引きつれてきた残党を指揮して、出版物を売りまわっていたみち子は、病気の敗残兵の看護にまわらざるをえないことになった。

私が出征する前、みち子は二人の女の子を寝かすとき、いつも、――月夜の海をチャプランラン、お怪我《けが》なさった兵隊さんが、お国にかえる……病院船はチャプランラン……という童謡をうたってきかせていた。二人の子供も、とてもそれが好きで、いくどでもせがんだ。私はいく夜も、原稿を書いたり校正をしたりしながら、このリードを聞いた。がしかし、いつとはなしに忘れた。

台北を出てパーシー海峡を渡るとき、私たちは、けたたましい警報におこされた。したくして甲板へとび上った。もうこれまでだという、あせりがつき上げてきた。私の「はばな丸」は魚雷をさけて、狂奔していたが、前をいく僚船の「めきしこ丸」は瞬時にして轟沈した。激しいショックが甲板に轟きわたった。一切の常規が失われた。私はそのとき、いま一つの輝きを見た。海はすごいような月夜だった。瞬間、みち子の顔と子供たちの顔が重なり、不思議なことに、そのチャプランランが出てきた。そうだ、チャプランランだ。その一瞬間の精神の安定が、私を救った。

それから、パリックパパンの港の向うの海峡のある限りが米艦で埋められたときも、撃ち合ったときも、私は、これまでだというとき、このチャプランランを口ずさんだ。チャプランランはその都度、私の精神を安定させて、運プラスアルファとなってくれた。――おれはきっと、萬舷に灯をつけた病院船で帰るんだ――そういう自信がわいた。

帰国はたしかに病院船だった。盲腸ということで、寝たままウインチで、氷川丸に引き上げられ

諏訪へ疎開した子供たち

たまま、その船は、ハルマヘラ・ニューギニアからK・R諸島まで、萬舷に灯をつけて、チャプランランと月夜の海を渡ったが、私の身体はいっこうに回復しなかった。軍医は、この肝臓はマラリアの巣でボロボロだといった。それに、はげしい心臓の鼓動が、アバラの上から見えていた。それから、幾度かのマラリアの発熱、絶え間ない風邪、かつて体験したことのない心臓の弱り、思い出すのもきりのないこと、寒冷性じんましんで炬燵から風呂、風呂から注射へと、身体をナイフでこすって、ころげまわって苦しんだかゆさ。とうとう、フランス革命のマラーの風呂桶のように、坐風呂をつくって、一日中つかっていなければならないほどだった。

みち子は、そのむずかしい患者の看護婦になったわけである。

私が松本の病院へ護送されてきた時、駅まで迎えにきてくれた七つ、六つ、五つの、年子の三人の女の子は、はじけるように丸々と、こわれきった祖国の唯一の光のように、私には思えた。

「チャプランラン……知ってる?」

子どもたちは知らないと答えた。もう、リンゴ可愛いや、のほうだったのである。それから、私の小さな家の、むづかしい時期がはじまった。まず、だいいちに、私のもって帰った疥癬《かいせん》が、たちまち家中に広がって、なかでも一番ひどかったのは、美しい二女のヒロミだった。それが下火にならないうちに、三人はつぎつぎに百日咳にかかった。みち子は三人の子供の硫黄塗布と、蒸気吸入、それから、ねむられない子どもたちの身体をかきさすりして、一夜を明かしたりした。しかし、子どもたちにも、私にも、待ちに待った春がきたのである。子どもたちも、もうがんばりぬいてくれるだろう。

が、華牙書房は、ただ空転しはじめた。印刷所は、東京から持ち込まれる仕事、大資本の圧力で、だんだん、育ててもらってきた地方小出版業者の仕事など、なかなかにやってはいられない仕儀になった。それに、女親分が動けなくなってからは、店の連中は、野ぐちゃんや覚さんの働きも空転しだした。

印刷所に積みこまれたなけなしの洋紙をごまかされたり、原稿と紙とを入れた印刷所は、幾月もたつのに、怒ってもせめても、なんの反応もない。ようやくできたときは、コストは、定価を上まわっているしまつだった。

こうした中で、私は考古学者として、なんとか、立ち直ろうともがいていた。二、三の学友をのぞいては学閥にも、組織にも関係はないので、ただ一つ自力で浮び上るより方法はなかったのである。その上に、私の帰国が、ほんのわずかだが、一年遅れていた。頼みとする友だちも、私と同じ、いかに好意を示してくれても、自分の足下まで危くするわけにはいかない。その人たちも懸命なのである。私は何としてでも、東京にがんばり抜くつもりだったが、この冬の寒さとともに、田舎へ退却してきたのである。

かくなる上は、書くほかない。書くことによって、生きている証《あかし》を自覚したかった。論文だ。しかし、論文は二枚書き、二枚破り、読み直しては厭気がさし、またかじりつくといったあんばいで進まない。いまも、原稿用紙に丸や三角や、遠く離れた懐しい学友たちの名前などを書いたり、消したりしている。

私は、いま、こうするより仕方がないのである。

二月二十六日

朝からぼんやりしていると、階下から、何度も何度も、鋭い破裂音がしてくる。何だろうと思って降りてみると、氷を割る錐の音だった。

「なんだ。どうしたんだ」

「こんどは、セツコちゃんよ」

昨日から寝ている長女のセツコの枕元によってみると、黒い耳帯をした真白な顔の、頬と、軽く開いた唇が、化粧したように赤い。これはいけない。肺炎の方はよかったが、中耳炎が出てきたのである。

百日咳の抜けかかったヒロミとユキコが、その枕元をどんどんと暴れまわっている。

「セツコちゃん、あんま、いたいのに。どんどんして、いやだなあ。セツコちゃんつらいよ」

セツコは、大人のような眼で、二人を見、そんなことをいっている。

私は、二階と下を、ただわけもなくあがったり、下ったりしていた。そのうちに、ふと、階段で水の音をきいた二階の東側の窓で、絶えて久しい水滴の音である。私は、この冬のうち閉されていた崖側の鎖戸を開けてみた。

朝の光がいっせいに流れこんできた。太いつららが軒いっぱいに下がって、ちょうど、水晶の鉄格子をはめたようだ。

新しい太陽の光線が、そのゴブゴブに肥りきった水晶の柱の中で、プリズムのように不思議な七色の光に分かれ、キラキラと光っている。表面はわずか

セツコちゃん

着物がきれるのもセツコの大きな魅力だった。渡辺隆夫画伯のスケッチ。

ずつ溶けては流れ、先端へきて集まり、あたりのいろいろな色を写した水滴は、くるくる廻りながら大きくなり、やがて落ちていった。太陽が強くなるにしたがって、つららはいっぱいの淡い水蒸気に包まれた。

ヒロミとユキコがやってきて、氷が欲しいとせがむので、てごろなのを二本とってやった。二人は、赤い手袋でこわそうにしっかり握り、頬へあててみては、おどけたりしていたが、すぐに肩へ鉄砲かつぎにして、手を振り振り、ゴム長をはいて表へ出ていった。私は円匙《まるさじ》を持ってきて、つららを根もとからボンボンと欠《か》いた。氷柱はカラカラと大きな音をたててトタンのひさしを滑り落ちていった。

二月二十七日
内科のU医師が、耳鼻科のY医師にかわり、セツコの手術はだいぶ経過がいい。みんな、やれやれというところだった。久しぶりで、セツコを女中にたのみ、私たちは四人で街の湯へいった。

昼間の大湯は、浴客が絶えて、湯番もいない。みち子は赤ん坊のミチヨを連れ、女湯へ入ったので、私についてきたヒロミとユキコは大喜びだ。湯桁《ゆげた》につかまり、バチャバチャ泳いだり、跳ねまわったり大騒ぎをした。

「ロミチャンね、今年、幼稚園いくんだよ。チエチャン、学校でしょ。ごほん、うんと買ってもらうよ」

「フウン、このくらい？」

ユキコは、ちょっといまいましい顔をしながら、手で厚さをはかっている。

「ウウン、こんなにたくさん」

「ユキチャンだってこんなに。ねえ、お父ちゃん」

手を後へまわして胸を張りだしてみせる。私はだまって首までつかった浴槽の中で眺めていた。

ヒロミの声が急に小さくなった。

「ユキチャン、まだ読めないでしょう。だからだめ。『ビリチャンの実験室』のごほんあげるから、『ムックのごほん』ちょうだい。ねえ、お父ちゃん、ユキチャンにも買ってあげるわねえ」

こっちを向いて「ねえお父ちゃん」から声が大きくなる。交換申込みである。ユキコは承知しない。

「そおら、ピリチャンの実験室、ピィリチャンの実験室」

ヒロミは濡れ手拭に空気を包んで、節をつけて歌いながら、湯の中で押しつぶしては、気泡を湧き上がらせている。交換にだす本の面白さを強調しているわけなのだろう。ユキコが寄っていくが、なかなか見せない。

「ごほん、くむからみせて。ねえ、ロミチャン、見せて」

ユキコちゃん

この子はまだ着物の魅力は薄かった。長い袂の着物などうるさがった。渡辺画伯は，そのめんどくさそうなところを面白く感じたのだろう。

ユキコは湯の中で足踏みをしてくやしがっていたが、とうとう兜《かぶと》をぬいでしまった。

「空気は水より軽いよ」

「クウキは水よりキャルイヨ」

二人はかわるがわるにセリフをいっては、水泡をあげていたが、やがて湯の中へ顔をつっこんでぶくぶく泡を吹きだした。

八ガ岳と諏訪湖のペンキ画を描いた板壁の向うから、みち子の声がかかったが、子どもたちはなかなか出ようとしない。そのうち喧嘩が始まった。

真昼の温泉は、立ちのぼる温気と、すかし窓からさし込んでくる陽光で、ミルクの海の底のようだった。

二月二十八日

暖かい日だ。

手術後のセツコをおんぶして、街のY医師のところへ行く。みち子は、野ぐちゃんや覚さんを相手に、店の前後策を相談している。

直良さんの『三光鳥の鳴く朝』を、戦後復興の第一作として、印刷所の鮎沢へ渡して、できるのに一年半もかかったのは、まだよかった。森本六爾先生の『日本農耕文化の起源』、直良さんの『古代日本の漁撈生活』も戦前の手版で、紙型があったので中央印刷でわりと早くでき、原稿が間に合わぬままに、私の戦前、いろんな雑誌に書いた随筆を『かもしかみち』という一冊に編んで出したのも、意外に好評だった。つまりよく売れたのである。たくさんの若い友だちができ、この本で勇気ずけられて、遠くから訪ねてきてくれた人もある。大学でも、新流行語として愛されたりした。

ところが、再版をしようとすれば、もう、前の版の総売上金額をほうり込んでも、どこへも足りない。つまり、売れさえしなければ、もうかるのである。去年十二月に初版、十七円だった『かもしかみち』は、書店の店頭で、勝手に十九円、二十円、二十五円にもなっていて、再版しようとすれば、三十五円でももうできないだろうという。つまり、みち子は、売れれば売れるほど苦しいのである。

「おれたちもおわりかな」

私は、崖の石段を降りながら、ぼんやりこう考えた。だから、どうすればいいなどという意欲はわかず、あの死闘の戦場を生き抜いた藤森上等兵のファイトはもうない。いま、この身体は、じっと、このままでたった一分でも一秒でもいい、向うへ生きのびることを考えるだけだ。

石段の一つ一つを、注意しながらおりた。下《くだ》りでもときどき休んだ。滝の横の高い石垣に、いっぱいにはりつめていた氷が、西日を真正面にうけて、石肌まで透きとおってみえる。厚い氷の下では、かたく凍った滝からしみだしてくる水が、いそがしそうに動いている。けれども、それは、下の方がまだかたく凍結しているので、流れてゆくのではなく、上ったり下ったり、くるくるまわっているだけである。太陽の光は、その死のような氷結の世界の、新しい生命のうごめきに、美しい祝福を与え、水は歓喜にもえて踊っているようだった。

私はしばらく、そのキラキラ光る万華鏡をのぞいて立っていた。そして、春を待つものの歓喜が、心に溢れてくるのを感じた。

「この氷がとけたら、セツコちゃん、学校へゆくんだよ」

背中の返事はない。

私は、このにわかつんぼをおんぶした現実にかえって、病院の方へ歩きだした。崖下の農家から男の子が顔を出した。セツコと同じ年だが、丸々と肥えて赤黒い顔をしている。

「東京っ子は、かわいそ、おなかがすいて……」

節は消燈ラッパである。私は、そういう、地付の人びとの興味の中を歩いていった。

街路は雪どけで泥んこだった。けれども、さすがに風は冷たく、日陰のぬかるみは薄く凍って、バリイバリイと音を立てて破れた。

「セツコチャン、はやく長靴で歩いてみたいな」

その声で、背中の重みを覚えるほどに、八歳のセツコは病身の私にもまだ軽かった。

帰ってみると、昨日まで元気だったヒロミが、ひるの食事をしないで、炬燵《こたつ》にひっくりかえっている。どうもおかしい。

体温をとってみると四十度だ。すぐに引きかえして、U医師をよびにいく。両肺炎の診断、三度目の肺炎だ。しまったと思ったトタンに、もう足がわくわくする。

氷屋や薬屋へ走りまわり、息をはずませて帰ってみると、セツコはまだ玄関でぼんやり坐ったままである。赤い毛糸の衿巻《えりまき》を二つ折りにして首にまき、黒い耳帯から、寒々とした白い薬の結晶がにじみだしている。

覚さんが、ようやくさがしたトリアノンをもって飛びつけてくれた。その注射がきいたらしく、ヒロミはよく眠った。みち子はまた新しい戦いの準備を始めた。

二カ月目の赤ん坊のミチヨとユキコと、中耳炎のセツコと肺炎のヒロミ、四つの魂が、みち子の闘志にすがりついて、生きるための火花を散らしている夜の病室の雰囲気に、私は完全に閉め出されてしまった。

夕食を一人ですますと、私はそそくさと二階へ逃げた。「これしかないんだ、おれの救いはこれだけなんだ」と、火のようになって原稿を書きまくった。

一時半、M社から依頼された『日本古代世界』の草稿第二節の「宿命の孤島」を書きおえる。

夜半、さんさんと雨降る。低音のホッピィングのような、軟かい雨の音はいつまでも続いた。

窓を開けてみると、暗黒の中から、春の匂いが胸いっぱいにしみこんでくる。むせるような春の香りである。やがて漆《うるし》のような暗のなかから、かすかに湖の氷の割れる音がきこえてきた。

おそ雪

三月一日
ひる近くであった。昨夜徹夜のみち子にかわって、座敷でヒロミをみとりながら、原稿を書きつづけていた。
突然、山崩れか、雪崩れのような地ひびきにつづいて、ものすごい轟音が、私の小さな家をゆすった。
茶の間にいた女中とユキコが、歯をふるわせて逃げこんできた。

茶の間へ飛び出し、庭のガラス戸を開けてみると、上の崖のてっぺんから、三畳敷ほどもある盤岩がずり落ちてきて、さそわれて落ちた岩石と、まるで戦車にぶっきられたように押しつぶされた二本の高野槇《こうやまき》と、赤松や黄楊《つげ》が折り重なった庭の中は、めちゃめちゃで目もあてられない。

大石はさらに庭から下の崖へ落ちて、私の家へ登る石段の入り口にずしりと収まっている。この雨で凍っていた崖がゆるんでしまったにしろ、毎日、庭から見上げていたあの大石が、どうして落ちたのだろう。みち子も女中も震え上がってしまった。庭でなくてこの母屋へ落ちてきたら、私のこの小さな家は、そっくり崖下へなぎ落されてしまったにちがいない。

みんな、身体をふるわせているだけで、言葉などない。さすがのみち子も、女中も、氷のような顔をしている。

私は、こわばった身体をぎくぎくさせながら、「あの石を売れば、きっと金になるよ。なにしろ、ひとりで道まで出てくれたんだから……ねえ、セツコ」と、つき上げる鼓動をこらえながら、長女の頭へ掌をおいてみた。セツコはポカンとしている。一昨日、中耳炎を手術したばかりだ。聞こえるはずもない。

「どうしたの、お父ちゃん」

蒼白な静かな顔の上で、眉がつっと八字によって、深い憂いがただよっている。轟音におどろい

病後のヒロミちゃん
三人姉妹のうち，この子だけが短い生涯で終るべき何か宿命のような整いがあった。渡辺画伯のスケッチ。

た付近の人びとが集まって、崖下でいろいろ評定をしている。雨脚は低くたれて、霧が深々と崖をとざしている。

私は現実を直視する勇気がなかった。そのまま二階の書斎へ帰って、原稿用紙に向ったまま、人びとの高い話し声に耳をかたむけた。まだ落ちるとか、石垣もだめだなどというのも聞こえてくる。震えがいつまでもとまらない。

ヒロミはただ、こんこんと眠っている。肺炎はどうにか分離したらしい気もする。

夕方に入ると、雨はみぞれに、やがて雪にかわって、四囲は音のない世界に沈んでいった。

大きな家蠅が一匹、電燈の笠に懸命にしがみついている。

三月二日

ヒロミは、昨日から食欲が出てきた。

「お母ちゃん、おっきしてみるわ」

そして、どうしたのか、床の上に起き直って、剛い真黒な頭髪を少し乱し、前髪の下からちょっと片びっこな二重瞼《まぶた》の目に弱々しい疲れをみせて、じっと前をみつめている。そのキラキラするような黒い睫毛《まつげ》と、高く秀でた額をみて、ひたすら生きる者の美しさ、あわれさを感じる。尖《とが》った鼻がぴくぴく動いて、息づかいはとても荒い。けれど、ヒロミは、きっと自分の力でよくなってくれるだろう。

夕食のあと、原稿が書けない私のあせりと、非協力的だというみち子の苦情が正面衝突、私はプイと書斎へ上ったが、どうしても、落ちつくことはできなかった。

やがて私は「生きようとするものの、みんな生きようとするものなのだ、おれだってそうなんだ」と口ずさみながら、暗い夜の巷へ出ていった。そして、はてはなんでもいい、賑やかなところへと、活動小屋へとびこんでみた。

映画は「エノケンの法界坊」だった。陰惨なドタバタ喜劇、やはりいたたまれないでとび出す。「寂滅為楽、会者常離、ナァーンマイダナンマイダ」。このコメディアンのしゃがれた声の、えもいわれぬ哀愁が小屋をでた後も、耳底を追っかけてくるようだった。

帰ってみると、ヒロミは覚めるともなく眠るともなく、半ば目を開いて、ただ唸っている。みち子はタンスの着物を畳の上にならべ、ぼんやりとなでていたが、私の足音を聞いて、後向きのままじっと動かない。「すまなかった」と一言、私は風のように二階へ上った。そして、もう原稿書きはやめて、考古学なんかすてて、出版の仕事に専念しようと決心した。

今夜は、家内にかわって夜を徹することにした。いろいろの思い出や、妄想が往来する。そうだ、もう、今日から、おれは考古学者なんかではないんだ。いままでの、二十年間いったい何をしていたか。自称考古学者ということで、なにもかも、犠牲にして、平気でその上に坐りつづけてきた。あのいくらか残していたかもしれない学績というものだって、唯、自分がそう思って自慰しているだけのもので、何の価値もない。そのあかしとしては、いったい何が報いられたというのだろう。長い自慰と妄想の半生だった。しかし、今夜からは違う。

この三人の子供たちを守っていくために、一切の生活をしぼろう。しっかりしなくてはいけない。絶対になおる。

夜がふけて、一時、二時。また、まよいがはじまった。

U医師は大丈夫だ、大丈夫だというけれど、どうしても、私にはそう思われない。手足の冷たいのもいやだし、だいいち、脈膊が気にいらない。寝せるとひどく苦しがって、どうにもならないので、炬燵《こたつ》にあて、うしろから布団で支えたまま、もう一昼夜である。

三時ころ、私の神経は完全に痛み切ってしまった。そして、この子はもう駄目なのだろうかと思うようになってしまった。回想がつぎからつぎへ流れだす。

ヒロミは両親に縁の薄い子だった。私が戦いにいく時は、まだ、生れた時からの、一年近くなる病院生活をつづけていた。忙しかった私は、この子どもの淡い印象だけを抱いて別れた。その後も、みち子が出版の仕事のため走りまわっていて、ほとんど、高橋みのるさんに育てられたようなものだった。で、平常から、私たちには何かしら冷たい光の目尻にただよう、甘えることを知らない子どもだった。

と、私はもうこんなことを考えるようになってしまった。

夜は明けた。私は完全に敗けて、くたくたになって、みち子を起した。

「お、お、おかあちゃん、ロミちゃんのムックのごほん、ユキちゃんとこ、まじっていない」

ほとんどとぎれとぎれである。それにだんだん譫言《うわごと》が多くなってきた。

「ユキちゃんの……いや」

言葉の間には、はげしい息づかいがあって、早春の夜の部屋の湿布の湯気といっしょに、交代に眠むろうとする私の神経を乱しつづけた。

峠だろうか、きっと今夜が峠なんだ。峠おりろ、峠おりろ。どうか降りてくれ。

炬燵の上にうつぶせて、私は、布団へかみついたままじりじりとあせりつづけ、やがて、いつとはなしに眠った。

三月三日

私は一時間でも一分でもいい、病室から離れることを、真剣に願うようになってしまった。それはもう、私が発狂しないために必要だった。私の心の弱りはそこまできてしまっていた。もう、幾夜も眠らないみち子に、看護を任せきって、できるだけ外の用事をかってでるようになった。

崖下の湛《たたえ》で雪解けの春の水が音を立て流れはじめた。萌黄色にキラキラ光る水である。庭いっぱいに倒れた根のない高野槇の葉が、いっせいに上へ上へとのびようとしている。その下から、また、ハコベらしい双葉が、いっぱいに萌えてきた。崖の枯草の間からは、蕗《ふき》のとうが数えられる。私のこの荒れ果てた枯園のなかにも、春は、もう、あらそうことができない。私はじっと浸みこんでくる日ざしを背に、広縁にかがみこんで、いつまでも、いらいらと、脚の爪をむしっていた。

夜、岡谷の印刷所まわりをしていた覚さんが、あたふたと帰ってきた。ほとんど顔色がない。

「中央印刷が丸焼けだ」

「へえー」

口を開いたまま返事はしたが、私にはしばらく実態がつかめなかった。委託した用紙も、原稿も、紙型も、私たちの財産はこれで、みんなご破算なんだ。

「そうか、そうか」

やがて私はうなずきつつ、ぼんやりと、そんなこともあるだろうなと思った。脳髄は、完全に反応力を失っていた。病室の隣りで、覚さんも野ぐちゃんも善後策を相談している。

「ロミちゃんも、みんなとお話する」と、ヒロミがいいだした。かいまきに包んで連れ出すと、ゆるく伸びた二重瞼の、長い睫毛を深々とおとし、うつろな眼でしばらく皆をみまわして、「つかれた」とひと言いった。床へかえってくると、また、何かいいたそうに口ごもっている。

「おこたつ出て、一人で遊びたいの。ごほんやおもちゃをみんな、並べて」

これは割合にはっきりいった。

「お節句だからお雛様を飾ってあげようね」といってきかせると、無表情にうなずいて、しばらく、彼女の財産をみまわしていたが、「もういいの」とたくさんの絵本の束から手を離してしまった。

夜更け、静かになってきた。ヒロミの生命力は、峠を越えてくれたのだろうか。私は、湿布をとりかえながら、不思議な力がわいてくるのを覚えた。

「よし、明日こそ、きっと医者をつれてくる」

今日まで、三日、U医師は、日曜だ、風邪だといっていて来てくれない。わかっている。米でも、酒でも、持ってこいということくらいわかっている。おれは正当の診療代は払っている。それ以上、何をする必要がある。よし、明日こそ、頸へ縄をつけても引っぱってくる。ペニシリンという特効薬が進駐軍にあって、米一俵くらいで世話してやるという。何を。昔、おれだって、弟妹だって、そんなインチキ薬がなくたって直ったんだ。

三月四日

朝がきた。

悪かった。お父さんが悪かった。こんどは、きっとつれてくる。ヒロミがんばれ、がんばってくれ――私は、静かな寝顔に手を合わせて、米ビツにありたけの米を袋へつめ、自動車をやとって、いく度目かの迎えにでた。こんどこそはと、私は気負っていた。

「なに、座眠している。それはよくないねえ。お寝せなさい。もう心配はないと思いますがねえ、だいたい、あの子は、平常少し大げさではないんですか。肺炎のあとなんだから、多少の衰弱はあるはずだ。明日行きますよ」と医師はつっぱなした。

いわれてみると、私もそんな気がする。私の神経ほどに子どもは参ってはいないのかもしれない。その証拠には、たしかに、静かになっている。私は、うれしくて、思わずぺこりと頭を下げ、米袋をだし、ちょっと赤面して、逃げるように病院をでた。

町は、何となく春めいて、雛人形の売れ残りを、たたき売りしている店台が、どこか、来る春の笑みを思わせていた。私は、その屋台に立ちどまってみているうちに、どうしても一つほしくなった。今年はとうとう、子どもたちは雛も見っこなしだった。

売人は、八重垣姫のようなキンキラキンの人形を、せり板にのせて、しきりにたたいている。私はそれを百二十円でおとした。

ヒロミは、じっと、顔を横にして、それをながめていた。この部屋には、まるで場ちがいな赤さだった。

「これ、ロミちゃんの?」

「うん、ね。」

ヒロミは、手を出しかけて、途中で気力を失ったように、前髪の下の黒曜石のような瞳をとじた。しばらくして、瞼はいくども開閉し、わずかに黒い瞳がみえたが、やがて、そのままになった。

私は、みち子に、「よくよく疲れているんだな、刺激しないほうがいいね。静かにねむらせよう」といった。

三月五日

「あなた! 大変」

うとうとしたばかりだと思うとき、私は、ガバッととび起きた。瞬間、私は、来るべき事態を直観した。

「ヒロミ！」「ロミちゃん」

いくど呼んでも、もう、うなずくだけだった。唇はしきりと動く。しかし、言葉には、もうならなかった。腕をにぎってみても、脈膊は感じない。かすかに呼吸が、小鼻の上でいそがしくおどっている。

私は、夢中で、家をとびだした。U医師は、アル中の脚をひこひこと高くまげながら、私にひかれて駈けつけた。

「寝せにゃ、駄目だ」

U医師は病室へはいるやいなや、怒鳴るような声で叱りつけると、後の布団をはねのけて、ぐっとヒロミを寝せた。

「イヤァ！　苦しい」

その声は、発病から聞いたことのない、強い激しい叫びだった。そして、反射的に、ググッと起きかかった身体を、U医師は注射管を片手にまた押し倒した。

とたんに眼はひきつり、二、三度唇をけいれんさせたきり、小鼻は静かに尖って、私の次女は美しい蠟人形のように横たわってしまった。あわてたU医師は、ビタカンを三本つづけて心臓の上に打った。

ほんとうに一瞬のできごとだった。誰も打つ手はなかった。海の底のような静けさがつづいた。突然、家内の叫喚に似た泣き声があがった。そして、セツコと二人とりすがって泣いた。やがて、三女のユキコが思い出したように泣きだした。

U医師はしばらく呆然としていたが、「ご臨終です」といって、ぶるぶるする掌を合わせた。

やがて、みんなが脱脂綿で唇をぬらしていると、大きな呼吸が二つつづいてでた。みち子がはれた一重瞼の鋭い眼で、U医師を見かえした。U医師は、こんなに変化するとは思わなかった。と、何べんでもいいいながら、だんだんあとずさりするようにして帰っていった。私はそのとき、じっと、冷静に成り行きをみていた。これが運命というものだったんだ。

亡骸《なきがら》の前には、昨日の八重垣姫がおかれ、きっと、近くできる雛祭りの菱餅の空な高坏だけがおいてある。やがて、朝の光が、その上の薄いほこりを浮かせてきた。そのとき、私には、不思議なことに、妙な俳句のようなものが一つ浮んできた。

「雛一つむくろの上に笑いけり」

いくども、私はそうつぶやきながら、二階へ上った。いつまでも、書棚の本の背をじっとみつめていた。とても、平静だった。平静というよりも、完全に虚脱していたのかも知れない。やがて、本棚の本の背文字がにじみ、浮き出して、見えなくなった。血が頭へ駈け上って、歯がカチカチと鳴った。

第一番に山梨県韮崎から、高橋みのるさんがかけつけてきた。東京の戦争の最中に、この子を守ってくれた人である。

「あんなに苦しんで、一日も健康の日がなくて、戦争に追いまわされて、それでも、こんなに大きく生きのびてきたのに、どうして、何だって、ロミちゃん、何んだって、今ごろ、死んだ」

その顔の上で、高橋さんはさんさんと泣いた。涙は美しく、三十の女の、柔かい頬の脂粉の上を流れて落ちた。死を現実とした生への讃歌である。そして激しい眼で私をせめた。

ありきたりの悔みをいってくれなかったのが、ヒロミの戦いへのせめてものなぐさめだと私には思えた。いつか私のうちへ泊ったとき、この人のハンドバックの中からヒロミの写真の落ちたことを私は知っている。

高橋さんの強い無言の抗議は私を楽にした。みんな責めてくれ、それだけが私の贖罪《とくざい》なんだ。

私は五年の戦闘の生活で、数えきれない人の死にあった。そこでは死はまことに自然で、また、人々はやすやすと死んでいった。燃えるようにヒューマニティに恋いつつ、私は、しだいに人の死に、無感動になっていた。私の子どもの死にも、私はその感情でしか、接することができなくなったのだろうか。いま、私は恐しいことに、ヒロミの死によって、家中がすくわれたような気持にすらなっている。

その夜、私は、ただ、こんこんと、泥のようにねむった。

夢ひとつみずに、私は、数時間も眠ってしまったのである。

彷徨

三月六日
「ロミちゃんと、寝んねしてやんの」

昨夜、セツコは、ヒロミの亡骸と、枕を並べて寝た。白い静かな顔である。うすく化粧されたヒロミの死顔とのちがいは、かすかにひらかれた唇に通う寝息だけである。

「ロミちゃん、まだ、死んでんの」

朝早く起きたユキコは、不思議そうに顔をのぞき込んでいる。けれども、何かしら、こわくなったようで、だんだん近よらなくなってしまった。

ヒロミの身体は、まだ、たいして衰えてはいなかった。みち子がエンジと桃色の市松の晴着に着せかえて、私がだいて棺へ入れた。

棺が小さいので、膝を横へ折ってやった。赤いビロードの足袋の藁草履《わらぞうり》がすこしずれ、頭が低くなったので、上向きの唇がわずか開き、睫毛が一本一本、上にはねあがって、とても美しかった。まわりは人形と水仙やフリージャの花でかこんだ。

　オモチャタンスを開けてみる。大小の絵本を、ていねいにそろえて紐で十字にしばり、その上に、切り抜きの姉さまが三つはさんであった。がま口のような小さなハンドバック、これを開けたら、ヒロミが出てきそうに感じる。パチンと開いた。中には蠟石が二つ、クレオンの折れが三つ四つ、それに、蜆の貝殻が一つ入っていた。足のとれた人形、こわれたハモニカ、私は一つ一つそっとなでてみた。そして、棺へ入れてやるのはやめた。

　葬式などしたくないというのが私の気持であった。けれども、年寄りや親戚が集まってきて、どうにも私のわがままは通らなくなってしまった。私はいっさいを、年寄りまかせにして傍観した。この一人の子供の死の荘厳なまでのあわれさと、これを取りまくオマツリのおかしさは、いっそう私を消え入りたい気持に追いこんでしまった。そして私の安息するところはなくなった。ヒロミの亡骸ももう私のものではない。私は興福寺天龍八部衆の阿修羅像の写真を、ヒロミの亡骸に供えた。阿修羅のかるくひそめられた眉、そこに、私はヒロミを見いだしたのである。そして、みんなに押しだされて、坊さんを頼みに、寺へいった。

　庫裡《くり》の天井の、縦横に走る粗い打刀《ちような》打ちの棟木《むなぎ》とたる木は、鈍い黒びかりに煤《すす》け、クモの巣やら、ほこりやらが垂れ下がっている。私はその寒い空洞の中に、ぽつねんと坐って坊さんを待った。大きな炉端には、年老いた聾の寺男が、座像のように丸くなって火を焚いている。昼の火は、音も色もなく、四囲は無人の廃虚のように、大きな沈黙が、いたく鼓膜を圧してくる。炉端の上の欄間に一つ、大きなオカメの笑い面が、その凹凸をひどい煤でくまどらせて笑っている。私の目は、その笑い面から、釘づけされたように抜けなくなった。笑い面が笑っている。それは泣きたいような、わめきたいような、あらゆる不幸と失望と懊悩《ぼんのう》の憂いの笑いである。

凝結、破滅、死、それから笑い、私はたまらなくなって庫裡から逃げだした。

一同がせまい座敷いっぱいに坐って、老僧は、お経を読み出した。

空虚で無意味な、非音感性の経文が、何の感動もない長身痩軀《そうく》の老僧の口から、気だるげにいつまでもながれた。やがて、斎《とき》を受けた坊さんが、歯のない口で、もぐもぐと飲み食いしながら、ヒロミの棺の上の阿修羅像の写真をながめて、ぼんやりときいた。

「これは、どういう意味の仏かな」

私は、この幻形の阿修羅像の、長い美しい六本の腕が、やるせなく胸をかきいだいて、鋭い眉毛の間の深い憂いの皺を支えきれず、啾々《しゅうしゅう》として一人泣くのを感じた。

三月七日

早朝、城跡から田圃道へぬけて、ヒロミの骨を拾いにいった。あの子は、たった一人で、一晩中、あの窯の中で焼かれた。汚点一つない白い身体の胸に残った、ビタカンの三つの瘤が思い出されてふびんだった。

この山間の盆地には珍しい風の強い朝であった。広い田の中に出ると、湖水から吹き上げてくる冷たい風が、砂ほこりをたたきつけてきた。見わたす限りの、汚い褐色の土と、稲の切株の腐れが、にくにくしいほど、眠不足の眼にせまってきて、私はやたらにベッベッと唾を吐き散らした。

穂高連峯は真白な犬の歯のようなリッジを、とりつくしまもないひえびえとした無限の青にかみつかせ、八ガ岳はおよそ不整合な、やせきって剝げちょろけた汚い顔をよせ合っている。何だって、こんなきたない自然が永遠なんだ。そして、私たちの楽園から、ヒロミのような美しいものが去っていかなければならないのだ。私はまた唾をはき、ヒュウヒュウと風をならしながら歩いた。

焼き人足は、二十五、六歳の小肥り女で、私が窯の戸を開けると、その中へ虫のように爬い込んでいって、まだ形になっている骨を手で敲《たた》きつぶしながら、ガシャガシャと、ブリキの広蓋へとって、持ちだしてきた。そして、前の骨や灰の残りをかきよせ、受け台の上にあけた。骨は黒々と脂にただれて、人形の掌が一つ、中身の抜けたそのまま上にのっていた。

家の近くまで帰ってくると、高い崖の上にみち子が、子供たちとしょんぼり待っている。それがおそい山陰の朝陽にくっきりと浮かんで、私はふと、シャヴァンヌの何かの作品のさびしい画面を思い出した。

その崖の上で、箱をだいたみち子がさんさんと泣いた。

「ロミちゃん、こんなに小さくなっちゃったの」

私はやりきれない気持で二階へ上った。あとから皆が上ってきた。そして骨箱の蓋をあけた。

「これ、ロミちゃん。お母ちゃん、これ、どういう?」

ユキコだ。セツコは黙っている。

「ロミちゃんはね。お土になったの、それから、空へ昇ってお星さまになるの。そら、ご本にあったでしょう。秋になると、木の葉は、お日さまからいただいた新しいきれいな着物を、ひらひらさせて、土のお母さんのところへ帰っていきます。それを見送って木はさよなら……」

家内の声は、はげしい泣きじゃくりにかわった。セツコも泣いている。私は後ろ向きのまま聞いていた。そして、ガラス窓を通して枯園をながめながら、冷い硬い喪服のカラーをはずしにかかった。

ふと、ガラスに、鉛筆の落書きがあるのに気がついた。私は、はっとなにかの衝動にかられて、走りよった。顔がいくつもいくつも。たしかにセツコのではない。そっとさわってみると、指紋がついてすぐ消えた。息をかけた。そしてなめてみた、顔はいよいよくっきりと浮き出してきた。ヒロミだ。呆然とみつめている。やがて、すっとまつ毛が水晶のように凝り、その水晶の球を通して向うに大きな赤い珊瑚《きんと》のように、梅の花がみえてきた。蕾《つぼみ》が赤くなっている。そうだ春だ、この家はすぐいっぱいの春の花にかこまれるのに、と思った瞬間、グッグッグッ、ムァーンと嘔吐《へと》するように、私は泣き出してしまった。

夜ふけ、突然セツコが床の中で起き上がり静かに泣きじゃくっている。

みち子がどうしたのと聞くと、ロミちゃんがいないという。私は「だまれ」と怒鳴りつけて、寝がえりをうった。ユキコが起き上がってきょとんと見ている。

線香の生ぐさい匂いが部屋にいっぱいである。私はいらいらと唸りつづけた。

三月十日

私はだんだん泣き虫になってきた。

昼過ぎ、訪う人があったので、玄関へ出てみると、東京のW画伯である。

彼は晴れやかな顔である。

去年の夏とった子供たちのデッサンで、大作にかかりたい、いま一度、最後のデッサンをやらせて欲しいんできたのだという。

私は、はっと胸につかえて言葉がでない。まあ、上がって下さい。ヒロミは死にました。と、横を向いてわずかにいえた。

W画伯は大きなトワールを、とんと三和土《たたき》に立てたまま、呆然と立ちつくしてしまった。私も彼の作品、次女ヒロミの、地上に残された唯一の画像は、完成して欲しかった。

それは去年の七月のことである。ある午後、私は三人の子供たちと大湯から出てきた。そして、通り合わせたW画伯と、走り出た子供の一人がつき当たった。それから、画伯が私の家へ通い始めたのである。画伯は、はじめセツコを狙った。画を描いてもらう興味からであろう、子供たちはとても辛棒して、西日の強い二階で長いことポーズをとっていた。たくさんのデッサンが作られた。けれども、セツコがまず音をあげて逃げてしまい、ユキコもだんだん飽きてきた。

「だるいよう、アンマいたいよう」

みち子に訴えながらも、一人、ヒロミは二階へ罐詰になっていた。画伯のおみやげや、みち子のだましたりすかしたりするのよりも、私にはあの子自身の意志のようにいじらしく思えた。そのうちに、画伯がなにかしら眼に生彩がない、頬の線が弱くなった、など言っていたが、突然、発熱した。それが、二度目の肺炎だった。画伯は一心に看護してくれた。そして回復してから、この春を約して東京へ帰っていったのである。

画伯は、骨箱の前で、いつまでもだまっていた。私はいろいろの、子どもたちの写真を出してみせた。けれども、画伯はたくさんのデッサンを残して、このまま未完成でおきましょうといって立ち上がった。私は宿まで送っていった。画伯はボンボン小石を蹴りながら、下向きになって、一言もいわずに歩いた。小石が凍った道路の上をスゥンとふっとんでいった。

帰ってみると、みち子が、そのデッサンと、写真をいっぱいにひろげて泣いている。ふとみると、私が戦争に行く日に、写した写真がある。十六貫の私は、丸々と肥って食いつくばかりのファイトをたたえている。そして、ヒロミの前に東京で飼っていた黒猫が坐っている。その脇に「東京のわが子らの飼う猫、黒スケ死ぬな」と書いてある。

私は誰にもみつからないように、そっと、その写真をポケットへ入れて、しっかり握りつぶした。一四の猫にも持ったあの頃の愛情、私はいたたまらないはずかしさで、頭がくらくらした。急いで二階へ上り、布団を敷いてもぐり込んだ。涙がじとじとと枕にしみ込んでいった。

回想はつぎつぎに逆転して、もう薄れかかったヒロミの印象が、ぐっとさまざまのポーズで浮び出してきた。それは、私が今まで求めたあらゆる美よりもさらに美しいもので、しかも、それは、ピチピチと動いて、これでもか、これでもか、というふうに私にせまり、忘却の彼方で行きづまると、今度はヒロミの面影は笑いながら私の頭の中ではげしく生長していった。ヒロミのまつ毛、眉毛、鼻、目、額、頭髪、頰、唇、顔は、そのまま年齢を加えられて、この世の最高の聖なる処女が、艶然として私の頭の中で笑った。私は完全に狂いたった。

夜の食事もしないで、布団にもぐっていた私は、十冊あまりの金目のある美術書をかかえて家をとびだした。知り合いの古本屋でそれを金にかえた。

そして、無茶苦茶に街を歩きだした。食い入るように女たちの顔を見て歩いた。ヒロミが娘になったら、こんな顔になるだろうか、あんな顔になるだろうかと、いろいろに想像した。そして、あんな理知と憂愁にかがやく美は、絶対にない。ざまあみろ。お前はこの街の美を、得難い街の灯を、敲きこわしてしまった。意気地なし、弱虫、殺人犯、ざまあみろ、あやまれ、泣け、わめけ、私は一人で狂乱して面影を漁《あさ》り歩いた。そして、あげくの果ては、酒場を渉《わた》り歩いて、完全に泥酔した。

「考古学って何だか知っているかい。え、へへへ……。知らねえだろう。おれも知らねえや」

女はあきれている。

「鬼だとよ。考古学者ってやつは。子供を食っちまうんだってからね。その考古学てなあ、なんでえ、へへえ、こいつあ面白えや。おい、女。やらせろ」

「もう、おそいからおかえんなさいね」

「街の学者なら酔っちゃいけねえってのかい」

「お家へお帰えんなさいよ。またこの次ね」

何軒も何軒も、私はどなり歩いた。「考古学っていったいなんだ」もう口癖のようになって、途みち怒鳴ながら、ときどき、じっと立ち止まっては、ぼうぜんと考える。あたりはいっぱいの霧で、夜の街灯をぼかし、雨がミルクのように暖かくたちこめ、その雨は、古くなった甃鋪《しゅうほ》の凹凸に流れていた。淫売屋《さぼし》の前を通ると女が呼んだ。

「何んだ」

「三つ子の父ちゃん、よっていらっしゃいよ」

「三つ子、三つ子だよ、それがどうしたってんだ」

怒鳴りかえしたとたんに、私はまた狂いだした。

そうだ、三つ児の姉妹、この年子の姉妹は、街を明るくしていた。三人でそろって歌った童謡のステージ、三人そろって歩いた散歩。その美をこわしたのは誰だ。ペニシリンという薬を買う、わずかな金がおしくて殺したのは誰だ。その考古学者って奴め、クソ、クソ。私はまた、狂ったように怒鳴りながら歩きまわった。春の雨は上衣の肩をとおし、靴にしみて、ときどき、私は天を仰ぎ雨をのんだ。

覚めた後、ジーンとするほど淋しくなった。どこかで、生卵を五つ買った。三つ飲んで、一つずつポケットへ入れ、そっと握って家の崖下まで帰ってきた。そして、石段を、みち子みち子と呼ぶようにして、一気に駈け上った。深更であった。みち子がとび出してきた。私は、はげしい衝気で玄関に横倒れになった。両掌に卵を一つずつ握って、それを高々と上げ、子供のように泣き出してしまった。

三月十一日

S出版社から、また、原稿の督促がきた。

書斎へ上ってみたが、書きかけの原稿や、参考書は、みんな書棚の上につみかさねたままである。原稿用紙に手をふれると、はっきり指のあとがついた。私は完全に気をくじかれて、そっと指のほこりをこすりながら下りてきた。書棚をひと通りながめる。色あせた知識の死骸が堆積している。そして、ぼんやりと昨夜の狂態を考えた。

あれから、家内の寝床へ引き込まれてさんざんごてた。その時の家内の、一言が耳から離れずにいるのが思い出された。「あなたのは感情の遊戯よ」――そうか、やっぱり、ほんとうの苦しみではなかったのか。昨日売った本が抜けた歯のように心を刺す。どれも専門外の本だけれど、みんな、苦心して集め、みち子が疎開中守りとおした大事な本ばかりだ。いたたまらない。

庭へ下りて背伸びをした。

明るい庭からみると、家の中は、水族館の奥のようだ。ヒロミのあたっていた炬燵や、死んで横たわっていたところに、チラッと幻影を感じる。はっと、眼で追うと、すぐ消えてしまった。

流れ

三月二十日

春は、人間にはおかまいなく、河のように流れてきた。

崖の石垣に、古いすだれのようにたれ下がっていた金雀枝《えにしだ》に、黄色い花が、二つ三つひらいた。はじめてみる花の色である。

子どもたちは、その枝を根元から折って、一抱えもだいてきた。

「とっちゃいけないね。これから咲くんだから」私が注意しても、子どもはきかない。ロミちゃんに上げるんだからという。そうだ、そうだ、悪かった。心おきなく春の花をあげてくれ、私は、縁先の日だまりにむしろを敷いてやった。

お葬式ごっこがはじまった。

二人は、ロミちゃんが死んでおかわいそうですとか、ほんとにいけませんネェとか、口説《くど》きあっている。私が、転石の手におえるやつを、二つ三つ片づけていると、セツコとユキコは、いよいよ本番に入ったらしく、お経のようなことをはじめた。おどろいたことに、それは、エノケンの法界坊である。いつのまに覚えたのだろう。「ジャクメツイラク、ナァーンマイダナンマイダ」とやりだした。

そうだ。ここには、私の感情なんかと別に、立派に生き抜こうとしている三人の子どもがいる。私はヒロミの追憶に溺れて、それを忘れていた。

水道で泥手を洗い、ついでに、いく日ぶりだったろうか、水をいくらでもつかって、顔をごしごし洗った。いい気持だった。

「お父ちゃんも、遊ぼ！」

「お父ちゃん、いやだい。コワイから。ゲンコツのバカ」

ユキコはひどく批判的である。

「いいじゃないか、いっしょに、おきゃっこして遊ぼ」

「ねえ、ユキコちゃん。お父ちゃんもいれたげようよ。だって、かわいそうですもの。」

セツコが、助け舟をだしてくれた。

「うん、じゃ、いいや」

私は買い出し係ということになった。子供たちのいうままに、私は、籠をさげて、崖へ草摘みにいった。

凍った崖は、ようやくとけはじめて、表面は柔かく、ちょうど、アイスクリームの表面のようである。つるつると滑るけれど、すぐ下は、まだ硬く凍っている。

それでも、水蒸気が、すばらしい土の匂いを、むんむんするほど運んでくれるので、私はすっかり夢中になって草をさがした。ヨモギが出ている。乳色の柔かい芽だった。フキのとう、タンポポの芽、ハコベは白の、オオイヌノフグリは青の、もう花も咲いていた。私は崖の急斜面の岩から岩をつたわり、ちょうど、家の真上の、庭が目の下にみえる大石の抜け落ちた跡まできた。ハコベの敷布の上に腰を下ろして、ふっと一息入れた。下では、しきりにおきゃっこの進行中である。

「これロミちゃんの分よ」

「ええ、くやしい、本当に本当に、ロミちゃん死んじゃって、出てこい。ワシャかなしくなっちまう」

「ロミちゃんはね、お星さまになったんだって、お母ちゃんいったよ。お窓で見たって、お風呂の帰りに見たって、いつも、ロミちゃんはセツコちゃんを見ていたよ」

「お星さまだって、何だっていい、出てこい」

「お父ちゃんの買い出し、おいもがないのかなあ」

「お父ちゃんだって、おいもだって、なんだっていい、ええ出てこい。ユキちゃんは淋しくなっちゃうよう」

私は立ちどまって、胸いっぱいに香ばしい空気を吸いこみ、大きく身体を伸ばした。

三月二十三日

朝、つきぬけるような鶯の声で、目が覚めた。

床の中でじっときいていると、私の知らない世界で、すばらしいオーケストラが演奏されている。チュックチュック、チチチュチイチイ、この二つがリズムで、鶯の囀りが高い。そして、筒鳥か閑古鳥のカッコーカッコーや、山鳩のホーホーが、低い三つのメロディをかなでている。

絶えてない、美しい気持ちの朝のめざめだった。じっと床の中で聞いていると、身体の中のなにかが、胸をつき上げてくるようだった。

私は勢よく跳ね起きた。そして布団を押入へ搬んだ。ふと何か新聞紙に包んだものがころがっている。あけてみると、ツァイス製の双眼鏡である。

一月のことだった。この二階の書斎から、子どもたちに湖水のスケートをみせてやったことがある。三人は今日は、野ぐちゃんがいったんだから、それをみるんだといって聞かない。それで、私が出してやったこれをとり合ってはのぞき、大騒ぎして喜んでいたが、結局、強気のヒロミが独占してしまい、あとの姉と妹が泣きだした。私は二人を散歩につれだした。そして、そのまま双眼鏡のことは忘れてしまった。

ヒロミも占領を決定的にするつもりで、布団の下へかくしたけれど、それきり永遠に忘れてしまったのに違いない。

私は、この枯園の無名の楽人を追求しだした。

欅《けやき》の大樹はみんなまだ枯枝で、書斎の窓からなら、手にとるようである。双眼鏡へ入ってくる枝は真黒く、ブツブツと粒立った冬芽は硬くとがっている。ちょっと動かすと、楓の枝が入った。驚くような真紅の小さな焰が、めらめら燃えている。その強烈さは、マニラの海岸のフレームトリーの花にもおとらない。チシオがもう芽ばえているのだ。

一番さきに双眼鏡へ入ってきたのは、腹毛が白く、頭は青、背は灰色、小さい嘴《くちばし》が細くとがったやつで、ボケの枝でクルリクルリとまわっている。私は急いで、ダンダンと階段を踏み鳴らして書棚へかけ下りた。そして『野外鳥類図譜』をとってきた。ページをくるのももどかしく、あれこれと候補者を挙げて首実験をした。それは、サンショウクイだった。下から、足音に驚いたみち子と子どもたちがあがってきた。そしてみんなも夢中になってしまった。

「そら、お父ちゃん、いるよ、あそこ」

ユキコが、頬をまんまるく張り、唇をきゅっと尖らせて、細い一重瞼の鋭い眼の先きに、指をつんだして教える。なるほど、欅の下の枯葉の中で、大形のやつが、しきりに枯葉をはじき上げている。喙が大きくて黄色い。背は黒だ。遠いからはっきりしないが、該当者はイカルらしい。命名を発表すると、セツコから抗議がでた。

「イカルなんて変だわ」

「なぜ」

「イカルはおこることだから、そんな名ってないわ。こないだのバケールとおんなじ、お父ちゃん作ったんでしょう」

正月、子ども三人と、動物の英語カルタをした。この時も俊敏なヒロミが勝ち通した。その果て、子どもからいろいろの難問が出た。ところが、おしまいにムジナを出されて降参もできず、バケールとやって、見事、子どもをかつぎ、名前ごっこでは大いに信用を失っていた。

みち子がその大きいのを双眼鏡でじっと観察している。

「あらあらおかしいわ、あの鳥。ミミズか何か掘っているわよ、イカルは実を食べるんじゃない」

ここからも異議が出た。よくみるとなるほど、喙は大きいが細長く、穀食の雀科ではなさそうである。突然、梅の枝へ同じくらいの褐色のやつが、一羽やってきて、しきりにキョッキョッと鳴いている。崖にいた仮称イカルがまた、これに答えるように飛んできて梅の木へとまった。こんどは真正面で、手にとるようである。白い腹に黒い斑紋が美しい。腹毛以外は光るような黒だ。よし、今度は間違いない。クロツグミだ。夫妻はまた崖の下へ飛んでいって、仲良く枯草をはねとばしている。

つぎに現われたのは、セグロセキレイ夫妻、これはじつに仲むつまじく、榧《かや》の木の裏の塵捨穴《ごみすてあな》をほじっている。つぎは、小形ながら素晴らしく尾羽の長いやつ、オナガだろうと思ったが、鴉《からす》科が気に入らない。みち子と協議の結果、四十雀《しじゅうがら》科のエナガと決まった。欅の枝で、ジュルリ、ジュルリ、ジジジィとやっている。小さいわりによく透る声だ。しかし、いくらねばっていても、ウグイスやカッコウの正体はみえない。

けれど、鶯の囀りはいよいよ冴えわたっている。

みち子が、階下へおりていった。昼食の仕度かなと思っていると、しばらくして、赤ん坊のミチヨをおんぶしたまま、柔かい感じの風呂敷包みをだいて石段の方へ出てきた。「ははあ、これはいけない」私は、子供たちの双眼鏡を、南側の崖から、西側の湖の方へ向きかえさせた。子供たちは、こんどは、崖下の電話局の屋上をのぞいている。

昼休みで、ダンスのおわった交換手たちが、白衣のまま、三、四人ずつかたまってこちらをみている。

「おねえちゃん」

ユキコが双眼鏡をのぞきながら、大きな声で呼んだ。向うでも手を振っている。

「ナ、ン、テ、ナ、マ、エ」

かすかに声がかえってきた。子どもたちは、首にかけていた双眼鏡をそっと後ろにかくして、コソコソ階下へおりていった。私は机へ坐って、原稿用紙をじっとにらんでいたが、やっぱりだめ、また、ひっくりかえってしまった。私はいつの間にか、春の陽の薄らにさす書斎で、ガラス戸も開けたまま、うとうととしていた。

「オ、ト、ウ、チ、ャ、ン！」

遠くで何かよぶ気がする。ああヒロミだ。ヒロミが呼んでいる。やっぱり、ヒロミだった。ちらっと笑って、すうっと、後ろ姿を見せて消えていく。——まて。待てまて、米でも家でも本でも、何んでも持っていく。ペニシリンというのも、きっと買ってくる。おい、待ってくれ。誰か、おおい、助けてくれ。——私は必死で、後ろを追おうとするのだが、脚がぜんぜん萎《な》えていて立てない。うんうんとうなりながら、目が覚めた。部屋の中を見まわした。オトウチャン、というのは、まだ聞こえる。たしかに、地の底からだ。私は二階の窓の手すりにつかまって下を見た。

目の下は、電話局の三階のバルコニーで、そこには、セツコとユキコが、交換手たちに囲まれて、双眼鏡をこっちに向け、しきりに手を振っている。

「おーい」私は身体半分をのりだして、懸命に手を振った。

階下へおりてみると、みち子が帰っていた。卓上にはゆでイモの若干と、炒《い》った大豆が一皿おいてあった。みち子は、その脇で赤ん坊のミチヨに乳をやっている。この不思議な女は、ろくに食わないで、なんで乳を出しているのだろう。私はそんなことを思い、みち子はみち子で、何かの思案で私の顔をうかがっていた。「ねえ、いまの原稿、あの、日本古代世界？　あれ、何とかなる。元気だしてやってね。こっちも、もう終着駅よ」という。

わかっている。無理もないと心の中では思いながら、私はイモと一握りの豆をもって、二階へ逃げかえった。それから、身を切られるような焦燥を感じ、原稿用紙に向かった。もう、どうしても書き上げなければ、私は気負い立った。髯をこすったり、髪をかいたり、タバコを喫ったりした。しかし、やっぱり駄目だった。結局は、ひっくりかえって、豆を一粒ずつ、投げ上げては口で受け、やけにガリガリ噛んだ。子どもたちの帰ってきた声が、畳に伝わってくる。

「お母さん、お父さんはねえ。ゲンコウ書かないで寝ていたんよ」

「ゲンコウ書かないオトウチャマ」

「ダメなオトウチャマ」

セツコとユキコの声が交互にのぼってくる。はしゃいでいるらしい。そのうちに、とうとう節が自然について、歌になってしまった。

三月二十六日

とにかく、動かなければだめだ。もう、身も心も腐ってしまうだろう。ここ三日、大石でさんざんに荒らされた庭の落石をとりかたづけて働いたのは、たしかにいい気持だった。

毎日、みち子がやっている配給の仕事だけでもやろう。そう申し出ると、みち子は、淋しそうな顔をして、こんなことはいいのよ、といった。が、しばらく考えていて、「そう、じゃあ一度だけ」といって、隣組の炭の配給をもらいにいく仕事をくれた。

私は、早朝から、かりてきた大八車を引き、崖ぞいの旧街道をとおって配給所へいった。街は鶯の声がいっぱい。軒の低い黒ずんだ家並みが、いくらでも続いたこの眠ったような死んだような旧街道の旅籠街の、たった一つの、美しい生気で、町中の隅々まで、春のきたことを告げているのに、重いくぐり戸は一つも開こうとはしない。

私は一人、歌いたいような気持で、車を引っぱった。

うちの狭い庭へ、近所の奥さんたちが集まってきて、配給品の分配ということになった。今日は、炭一俵と、七軒に鯉が一尾です。がやがやと分配法の論議がはじまった。手早い女がいて、もう、炭を手で折ったり集めたりして、七つの山を作っている。鯉は七つに切ってクジ引きということになった。私は事のしだいの速さにあきれ、手をこまねいて梢をみていた。ウグイスの声はいよいよ冴えわたっている。

「どうです。うちのウグイスは素晴しいでしょう」黙っていようと思ったが、鯉の切り方でさわぐ黒い手の女たちにも聞かせてやりたかった。すると意外だった。地主の奥さんから抗議がでた。

「まあ、いやだ。あれ、あのウグイス？　あれ、うちのだよ」

「え？」

「うちへきてごらんなや、おめえさん、ウグイスだけじゃなしえ。小鳥がいっぺええ、いまごろは大さわぎずらよ」

これは、えらいことになった。そうすると、ウグイスはきっと何羽もいるんだ。あっちにもこっちにも。私は、ふと、中学で習った、英詩、Spring has come Winter. is over. を思いだした。

春はもうきてしまって、いまここにいる。その春をもってきてくれたウグイス、そのウグイスは、どこからきて、どこにいる。

そうだ。ウグイスをさがそう。そんなことを考えているうちに、配分はすんなりはこんで、女たちはいなくなった。後には家の分の、鯉の尾と頭だけ残っていた。

「しっぽはおまけだえ」

私はウグイスの探検にのりだした。山靴をはいて、藪を歩くしたくをし、横に長く続く断層崖にとりついた。ちょっとした冒険だった。アカシアの藪をくぐり、熊笹を分けて、鶯の声を追った。追いつくと、囀りは移る。しだいに北へ、市役所の裏の欅林の方へ移っていく。私は懸命に追った。氏神の手長神社へ昇る石段までくると、ウグイスの声は反転して、また逆もどりをはじめた。私はまた追っかけたが、とうとう、その姿は一度もみられなかった。結局、予想ははずれて、鶯はひとつがいらしかった。私の家の藪から市役所の林まで、断層崖のブッシュを、たえず春の歌をまきちらしながら渡っていたのである。

私は熊笹の中に坐りこんだ。身体中に汗をかき、へとへとだった。私は大切にもってきたピース一本に、ていねいに火をつけ、胸いっぱいに吸いこんだ。

湖はすみきった淡い青をいっぱいにたたえ、白い靄《もや》がそのところどころにまだたゆとうて、朝陽がバラ色に染めては消し、染めては消ししている。温かい水の色である。西山の赤石山系からも雪はすっかり消えた。そして、あっちにもこっちにも、炭を焼く煙が薄く立ちのぼって、空の色も山端の淡い霞雲を飽和して、この間までのような冷たい青さはもうどこにもない。

その上をふわりとした浮き雲が、二つ三つ、じつに悠々と動いていく。麦畑だろう、盆地の褐色の中に薄い萌黄がにじんでみえた。

後ろへ寝ころがった。

頭が草原へ出て、名も知らない禾本科の若茎が顔を覆った。一本抜いて歯へくわえ、その白い茎をツツと嚙むと、甘い汁が、口いっぱいにひろがっていった。

三月二十七日

なんとか、一片の食糧でもこの手で獲得しなければいけない。

六斗川で、湖水から産卵にのぼった鮒が釣れるという。昨夜、野ぐちゃんが大湯で聞き込んできて、二貫目は大丈夫だ、ぜひ行こうということになった。

道具を心配してもらって、大きなバケツをさげ早朝家をでた。

まだ暗かったがもういっぱいに人が並んで、せっせと釣り上げている。大きな錫箔のように、釣れた鮒がピチピチ……と、水の上を平たく手操りよせられていくのが薄明りにきらめく。

私も興奮して、仕掛けてもらった糸をヒュンと放り込んだ。と、たちまち、ググッときた。思いきり上げると、一瞬、竿はきれいな孤を描いたが、そのまま伸びて、だらっと糸が上がってきた。

そして、それっきり、まったく反応がなくなってしまった。あちらでもこちらでも盛んに上がる。

けれども、どうも仕方ない。

やがて八ガ岳の硫黄岳のあたりから陽が上った。朝霧の中で真紅の焔のようにぐるぐると燃えている。そして、川霧をバラ色に染め、その霧はいっぱいに田圃へ流れ出していった。

寒さはじつに峻烈だった。

私は竿を堤にさし、腰を下ろした。膝に頬づえをしたまま、湯気のように立ち昇っていく川面の霧に、ぼんやりと見入ったまま考えこんだ。とにかく、三十七年の生涯をうち込んできた私の考古学というやつは本物なのだろうか。戦後の今、たしかに自分は、学界の第一線にたつこともできる位置にはなった。けれども、私はどんな業績を世に残したろうか。いろいろした。たくさんの論文も報告も書いた。それはいったい何だ。そして、大げさにいえば、十三回もの転々たる職業も献じた。

そして、今もまた出版の仕事を、これに捧げようとしている。きっと、いつかは食われてしまって、私たち一家は、つぎの彷徨へと押し流されていくことだろう。考古学てえ奴は、いったい、私の生活の、私の生命の、何にあたるのだろう。

しだいに頭がぼやけてくる。突然、ある啓示がとびだしてきた。「愛する魂よ、不滅の名など獲ようとは努めるな、人の為し得る業の深奥を究めよ」。死んだ森本先生の慣用句である。そうだ。何をぼやぼやしている。なにか残そうなど、とんでもない奴だ。自分の力いっぱいの仕事もしないくせに。私は横を向いて野ぐちゃんに怒鳴った。

「野ぐちゃん、おれは帰るよ」

「ああ、来てる来てる」

振り向いた野ぐちゃんは、私の背中を飛び上がるほど叩いた。私は夢中で竿をはじき上げた。大きな素晴らしい鮒が、竿が折れんばかりに、はねまわっている。私は竿を高々と差し上げたまま、堤《つつみ》の上にかけ上った。バケツが見つからないのである。と、その大鮒は針から外れて堤に落ち、乾いた砂の上で天プラの衣を着たようになってはねまわった。私は飛びついて鮒をおさえた。

「おい、のぐ、釣れたぞ。バケツバケツ、水をくれ」

「よおし、すげえ、すげえヘラだ。」

野ぐちゃんは大あわてで、竿を川の中へ放り込んだ。糸は川向うの釣師の浮子《うき》へからみついた。昼寝からさめて、ペコペコのひるを食べてから、私はさんざんみち子に笑われ、庭へ二人の収獲の鮒を見にいった。バケツの中には、あの大鮒をはじめ、トンコや小鮒が七ついる。二つは腹をかえして浮いていている。子供たちが、そのまわりに坐りこみ、かたずをのんで眺めている。水の上には、黄色な金雀枝《えにしだ》の花びらや、パンくずがいっぱい浮かんでいる。

「晩、煮たげるよ」

セツコが、その柔かなものごしに似ず、じっと立ち上がった。

「いやあ、お父ちゃん、絶対いや」

「どうして？　食べるためにとって来たんだよ」

キリッとした眼を開いて、セツコがくい下がってきた。

「いや――。絶対いやよ。かわいそうだわ」

「チエちゃん。食べようよ。だっておいちいんですもの。ねえ、お父ちゃん」

ユキコが、つんと胸をはって、ませた口をききながら、口をもぐもぐさせている。私が二階へ上ってしまうと、二人の言い合いははげしくなった。そして、セツコが泣き出した。泣きじゃくったセツコが階段の上まできて、小さな声で、入口の襖《ふすま》に向ってつぶやいている。

「お父ちゃんのバカ、お父ちゃんのバカ」

「どうしたんだ」

「お米もお豆も生きていたんでしょ。わたし、もう、ご飯になっても何もたべない」

「フン、――よしわかった、庭へおいで」

私はシャベルを持ちだすと、冬中しみ割れをふせいで埋めたままになっていた小さな泉水を掘りだした。なかなかの労働だった。これには子どもたちも異論はない。二人とも大喜びで、板切れを持ってきて、底の土を掻いた。そして、水道の水を入れたが、なかなかいっぱいにならない。とにかく、魚はその中へ入れてやった。

もういっぱいかなと思って二階からのぞくと、二人はゴム長をはいて、泉水の中をじゃぶじゃぶ歩きまわっていた。泥水の中は泡立っている。

「こら、鮒が死んでしまうぞ」

「遊んでやってんのよ」

今度は、子供たちの方が驚いて、泉水の中に立ったまま、ぽかんとこちらをみている。

三月二十八日

金雀枝の花で私の石垣は、真黄色なテープを、いっぱいに垂らしたようになった。

街の子どもたちが摘んでゆく。道を通る人びとが、見上げては驚いたように春を感じ、今さらのように、この疎開者の家を眺めている。私はそうした人たちを観察しながら、ただ、ぼんやりと机に向っている。考古学も、原稿も、このひと冬、とうとう、何もできずに終った。

白梅も咲いた。真黒な古木の幹に、ポツンポツンと、一つ一つの花が、大きく開いた気品は、その向うの、小さな木一面に花をつけた紅梅とは、比較にならない高雅な趣きをもっている。チシオの葉が真赤に燃え上がる。焔のようだ。その隣りはヌルデで、若葉は、ミルクで溶かしたクリームのふき出したのに似て柔かい。

藤棚からは小さな綿毛がぶら下がり、道路の並木の桜が、藤棚の下まで伸びて、その枝先には、もうたくさんの蕾《つぼみ》が、びっちりと肥って赤らんできた。ボケの真赤な花も、二つ咲いた。

崖の隅の滝の、春の地下水が落ちはじめ、のどかな音をたてて、一粒一粒、セリとイヌナズナの生えた苔の中へキラキラ光りながら落ちていく。崖のあちこちの蕗のとうの白い花は、もう開ききってしまい、スギナ、タンポポ、スミレ、ヤエムグラ、ハコベの若葉が埋めつくしている。

崖下の石段の横へ坐りこんだ大石は、もう二十年も昔から、ここにあったように、自然に納りこんで、土へめり込んだ部分はウシハコベとツタがからみ、通る人びとも私のうちの春愁の悲劇など、完全に忘れはてているようである。

二人の子どもたちも元気になった。

今朝、暗いうちにおきて泉水へ行ったが、泉水の水は、すっかり崖下へすいとられてしまって、からからに干上り、魚たちは池泥の深みの中にかたまって死んでいた。それから、春の陽だまりの庭では、鮒のお墓が作られ、その脇にはヒロミのお墓も作られた。その二つの墓も、摘んできた花で埋まると、こんどは筵《むしろ》を敷いて、さまざまの花や草を、一日中切り刻み、その小さなお料理の皿を数知れず、ヒロミの骨箱の前へ並べたてて、仏壇は早春の花々でいっぱいになった。

「これが、もう、寒くならない本当の春の匂いだろうか」

私は朝から、庭に漂うすえるような匂いを気にしていた。春の匂い、土の匂い、そして物質の分解するような。庭へでて私は家のまわりを一周りした。それは、私の便所の有機物が、長い冬眠からさめて腐熟《ふじゅく》し、元素にかえっていく匂いだった。

私は、庭へ大きな坑を掘った。

固形は、大豆とモロコシの完全な粒だけだった。色がやや赤いのは、みち子が懸命に集めてきた乾燥人参《にんじん》と、トマト汁の罐詰で作った通称あしかびスープの色である。死んだヒロミも、生きているみんなも、みんな、この色の液体の中に入って、いま、土にしみていくのである。

坑はすぐ埋めても、わずかしか高まらないで、もともとになった。

寝床に入ってから、なんとなく心が温かくなって、私は無性になにか書きたくなってきた。書斎から、つみ重ねてあった原稿を持ちだした。顎《あご》を枕の上にのせて、原稿を書きだした。考古学の原稿は、数行書いて消してやめ、私はその後へ「春愁の暦」と書いた。そしてたちまち夢中になった。

ミチヨと隣りにねていたみち子が、ときどき眠そうに話しかける。

「ねえ、去年のお大根、一本も腐っていなかったわよ」

「ほう」

「たった一尺きりだったのに、凍らなかったんだわ、案外、寒さって通らないものねえ」

「そうさ、おれだってこの冬をとうとう生き伸びたもの」

「でも、みじめな生き方だわ」

「わかってるよ」これはまずい。

「野鳥も二日、鮒釣りは一日、根気はなくなったのねえ。省線電車の中で、原稿を書いてきた人とは思えないわ」

「根気の問題じゃないよ」

「セツコの学校上がりまでに、お米、ねえ、何とかならない」

話題がいよいよまずい方へむいた。何とか、逃げなければ、私は間を置いて返事をした。

「……うん」

「出版の方だって、もう、四月《よつき》も休みよ。いい原稿さえあれば紙だってもらえるし、きっと回復できるわ。あなたにやる気がないなら私一人だってやる。……けれど、あなたは身体が第一ね」

やれやれ、鋭鋒は、どうにか去った。

大分たって、東京行きの終列車が、ボッコボッコと、柔かな音をたてて通っていった。

「ねえ」

返事をしないでいると、しばらくして「つまらないわ」といったまま、静かになった。

書いた原稿が十枚ちかくになった。まだいくらでも書けそうだった。頸がつかれたので、上向きになり、タバコに火をつけた。紫の煙が、暖かい春の夜の空気の中でゆらゆらただよった。

「七度煎《しちどせん》の匂いね……」

柔かい美しい声だった。きっと、昔むかし、幼女のころ、のんだことのある煎じ薬のことを思い出しているのだろう。横を向いてみると、その声の主は静かにねむっていた。顔のあたりにタバコの煙が淡くゆれている。枕許のスタンドの光を斜めにうけて、豊かな頬が浮かび出し、とじたまつ毛の影が、その上に長く引いて、円い鼻の頂が淡く光っている。私はつくづくと、この、どんなにいためつけられても、弱ることを知らない不思議な美しさを見て、心の底からおし出されるようにつぶやいた。

「みち子――」

けれども、もう返事はなかった。

大きく一口喫って寝返り、ううん、と身体をのばし、私は二つ三つ、つずけて煙の輪を上げた。輪は静かに、静かに、昇っていって、やがてつぎつぎにくずれた。わたしは、昼間、大根を掘った穴からゆらゆらゆらと燃え上がって行ったかげろうを思い出した。

——そうだ、土も温かくなった。明日はひとつ、ヒロミの骨を、土のふるさとへ帰してやろう——

私は独り言をいって、スタンドのスイッチを引いた。

滝の音はいよいよ激しくなった。

遠い深山も、もう雪解けである。

一六　病牀読校

私は昭和十七年暮、召集令をもらった。それまで、全然、自分には関係のないことのように超然としていたため非常な驚きだった。そして、三十二才で初めて兵隊になって戦地へいった。令状をみてボーッとしているところへ山岡書店の山岡吉松君が見えて、この拙著の上梓《じょうし》を説得してくれた。私もその気になり、匆忙《そうぼう》のうちに旧稿を整理しだしたが、とうとう間にあわずしまいであった。

昭和二十一年七月、不思議にもいくどかの死地を耐へぬけて、こわれきった肉体を引きずるように南ボルネオから帰ってきた。それ以来、まだ病床についたままである。こうして稿本をくって見ると、あのとき活字にするのは非常に無理な原稿であったが、いまこそはと思うようになった。それで、今度は家内のやっている葦牙書房から上梓する気になったのである。

この本の題名はなんということなしに、文中の一句をえらんだのだが、深山のかもしかみちのように人知れず、しかもけわしかった私自身の半生をも意味しているのかもしれない。私は専門の考古学の論文や報告のほかに、こんな随筆風なものをたくさん書いた。私自身もほんとうはこうした文の方がすきなのである。こうして寝ながら校正をしていると、とてもなつかしくて、若干の思い出を書きたさないではいられないのである。

「山と先住民とその子たち」霧ガ峰ヒュッテの長尾宏也さん、日本天文学会の五味一明君、写真の古畑栄一郎君などと山をわたり歩いていたころの昭和九年の八月書いた。一番古い文で、縄文早期文化も、むろん旧石器文化も発見されないころだし、自分自身、高原の文化が縄文式原始焼畑陸耕だろうなどとは考えてもみなかった。雑誌『山』へ発表した。西も東もわからない少年期のものだが、感のいい文で、いまもその狙いの筋だけは正しいとおもっている。

これができあがるまでには、劣等中学生、左傾追放、ブラジル渡航の失敗、巷の一蕩児、テキヤ、書店の小店員、スキー場の客引きといったさまざまな経歴がある。そうしたぐれた生活と私の考古学とはいつも別々に行儀よく並行し、相犯することはなかった。それは中央学界でも知らない人のない郷土地理学の大家諏訪中学の三沢勝衛教諭の影響である。まことに、先生の生涯は一篇のロマンであった。私はこのころ、人間は一生真理にむかって突進すべきものであると、わかったようなわからないようなことをお題目のようにとなえていた。それもどうやら、いまでは宿命的なものとなったらしい。

「小沢半堂のこと」　この人のことはいま正確にはわからない。けれども、私自身のその頃の環境につまされてか、じつに義憤でわくわくしながら書いた。私が幼いときから考古学とっ組みながら、オーソドックスな道を進めなかったのは、学問自体が技術以前とでもいうべき無体系で、土中からでる古物なるものの興味中心に引きずられているのに、官学は厳重に扉をとざして是正しようとしないのみか、むしろ助長さえしていたのにたいする反感からであった。で、書いていることが半堂のことやら私のことやらわからないほどであった。いまに一番なつかしいものの一つで、文は当時、夢中になっていた谷崎潤一郎の『春琴抄』の影響である。昭和十年八月二十五日、蓼科山池の平の山小屋で書いた。雑誌『考古学』に発表。

「九州廻記」　私が田舎の一市民としての考古学にいたたまれず、中央へでるようになったきっかけが、この二十五才の夏の旅行である。たしか、坪井良平氏に七十円かをめぐまれて、この一カ月を九州で勉強した。この文はその旅の日々、畏友小林行雄君にあてた私信を集めたもの、私たちの雑誌『考古学』にのせた。文中の感情のよってくるところは「あの頃の考古学」に書いている。併読されたい。

「山口を憶う」十二年一月十九日、大和唐古池の大発掘中に書いた。夏、はりきって九州旅行にでたのは、まさに笈《おい》をおって郷関をでるの気概であったが、むなしく帰ってきた。その冬、奈良県史蹟保存事業としてはじまった大和唐古池弥生式遺跡の大発掘に、末永雅雄さんの好意で助手にしてもらって大和へゆき、そこで十二年の春、見かねた坪井良平さんが大阪鉄工所の調査係にひろってくださった。これが私の考古学へみつぐための社会生活の出発であった。

東京考古学会という団体は、いったい故森本さんが想像もつかない苦しさのうちに、昂然と一人で担いできた純在野学会であって、これを支持していた小林、杉原、藤沢、吉田、丸茂の諸君はいずれも、建築技手、和紙問屋主人、神主、教員、外務属といった前身をもつ、まったくの平凡な市民たちであった。権力と財力、というよりはわが身一つの始末にも苦しいなかに、考古学を、日本の考古学を、と絶呼して、機関誌『考古学』を唯一つの武器に、官学からはシャトアウトされながらも、日本考古学の唯一つの精彩ある研究をつづけてきた。そういうつもりで自分たちはいたが、官学にいわすれば、笑うべき悲劇で、これはどうも仕方がなかった。昭和十一年森本さんが満身創痍《まんしんそうい》、愛児一人をおいて、ほんとうの裸になって死んだ。そのあとを小林君が主力になって、坪井良平さんが一切をひきうけてくれた。若い学究たちは坪井さんの愛情と被護に甘えきった。坪井さんは大阪鉄工所営業課長で、またすぐれた歴史考古学者の一人であった。当時大阪の坪井宅は同人たちの教室どいうよりも、楽しい心の憩いの家であった。

「あの頃の考古学」『考古学』に発表したとき「私の見た弥生式土器集成図録の生立ち」という題だった。書評である。前半は昭和十三年に、後半はさしさわりがあって二年後にでた。そのころ、私は時々小林君から書評を課された。それも札つきの難物ばかりだったようにおもう。それで私の書評たるや大変な代物にならざるをえなかった。この文のなかに活躍している二人の友、森本さんはもう死なれて十年になる。いまもなつかしい美しい追憶はそくそくとして昨日のようである。小林行雄君とはちょっとしたことで気まずくなってからもう六年、音信もない。つぎの「読書雑感抄」もそういった書評の若干である。

「脚のない古代史」私の心のなかでは、日々生活にむしばまれてゆく学問がいとほしくてたまらなかった。いったい学問をするために出奔したのか、月給鳥の生活をあこがれて家をすてたのだろうか、ひどい懊悩《おうのう》のうちに自分から考古学の鬼と称して、家庭生活も、そのころまだ新妻だった家内をも犠牲にする有様で、大阪の会社員生活はこうしてしだいにゆきづまりつつあった。この文はその頃の、十二年九月二十日に、大阪阪南町の落城寸前の新婚の家で書いた。だからすごく肌ざわりの悪いものである。栗岩英治さんにたのまれて雑誌『信濃』へ書いた。もう思想強圧の始まっていたころだったが、よく栗岩さんはだしたとおもう。もっとも主幹栗岩さんは、何をいっているのか、よくわからないが、面白いような気もすると、編集後記に書いている。長い信濃古代史のほんの序説のつもりでいたが、あとはだせなくなった。いまも健康さへゆるせば、この後を書き続けたいとおもっている。『貝塚』へ出した「貝塚のない湖の回想」もこの頃のものである。

「日本農耕文化の伝統」読売新聞の二千六百年紀念号へだした短文、大山柏氏が紹介してくれたそうである。当時、私は大阪から東京へでてきて、アパートの監理人を家内にやらし、親友井上信雄君の大アパートに収まり、若い学生諸君をあつめ、東京考古学研究所と称し、梁山泊《りょうざんぱく》のようなことをしていた。その結果、井上君の経済に穴をあけてしまい、杉原荘介君の経済的援助も焼石に水でこまりこんでいた。この原稿で読売から二十円もらった。私が考古学の鬼と自称した半生のうち、考古学から金を摂取したのはこれが最初であり、また最後であった。東大の長谷部博士に、ワシと並べて書くとは失礼だと、しかられたことも忘れられない。「信州尖石行」は昭和十五年六月二十五日、その頃の梁山泊の延長である。

「遠賀川日記」私が東京へでて、しだいに雑誌の編集経営そのほか仕事の中心は東京へうつり、杉原荘介君、丸茂武重君や私がことにあたることになった。この文はそうした頃、杉原君が東京同人の意気をみよといった案配で、日本弥生式文化研究の基礎というべき筑前遠賀川立屋敷遺跡の発掘をやったときの昭和十五年八月十四日から二十四日の日記である。一個人の資力では所詮、無理な仕事であった。俄然《がぜん》、文中にみるような悲壮なアルバイトにおわってしまった。しかし、同君は同列の標式遺跡《タイプサイト》の発掘を強引に敢行し、昭和十八年、戦争にゆくまでにとうとう伊予阿方・片山貝塚、大和新沢、下総須和田、上野鷹ノ巣山、越後瓶出河戸、磐城棚倉等の各遺跡の発掘を仕上げてしまった。

「南薩摩の神々」　梁山泊、東京考古学研究所の破産のために、私たち夫妻はすっからかんになって、目黒の青木昆陽墓の下の二階貸りに逼塞した。そのこまりかたは想い出してもちょっと喜劇的ですらあった。そうこうしているところへ、熊本の小林久雄さんがたずねて、鹿児島県で考古学者を欲しがっている。お金もでるはずだという話、地獄に仏でとびだした。いずれ石器時代の調査でもとおもったのが間違いで、いってみると神皇三代の聖蹟調査で、対象は掘っても掘ってもなにもでない磐境、磐城という巨石遺跡、岩餅の自然崩壊として疑えば、それでも通用するという難物だった。とにかく、一カ月かかり仕あげて帰ることになったが、肝心のお金がもらえない。あとから送ってくれるだろうと思っていたら、そのうちにマネジャーの土持鋤夫さんから小さいけれど重い小包がとどいた。なかからはきれいに光った小さな海礫が三つ、人工遺物でもなさそうだし、さて、啞然としていると、手紙がやってきた。県や市町村の方に若干の行きちがいがあって、お金の方はまずくなった。別送の小石は思い出の阿多の長屋の笠沙の岬の神蹟の石だ、あなたもさぞなつかしい思い出のよすがであろうということであった。そこで私は早速返事を認め、お金のことは考えていない、あの小石は思い出の宝玉だ、いつまでも机上におかれることでしようと書いて、さて考古学者というものは骨の折れるものだとつくづく考えた。それはそれで納まったが、納まらないのは狸の皮を算用に入れて起してしまった私の世帯の小さなインフレであった。さらに大難はその報告書だった。地元では神都建設計画ではりきっている。一つ一つこれは自然石、あれは後世のものとやるわけにゆかず、苦心惨憺の末が、この文にして許していただいたのである。神都聖蹟叢書の第一号へでた。題は南薩の考古学的考察、編者土持さんは、じつによくのせたものである。昭和十七年二月三日、あの頃の空気ではそうとうの勇気を要したとおもう。

「古道雑聚」　人間困るのも底をつけば存外方法のつくものである。ある日、丸茂武重君と考古学研究会をやっていた三森定男さんとがやってきて、つぶさに私の窮状に同情したらしく、藤森君を喰へるようにしようということになった。それには日本の考古学会を一体化強固なものに建直して道を開こうというので、大騒ぎして結局、東京考古学会も、当時左前であった考古学研究会も発展的解消、ここに日本古代文化学会ができあがった。しかし最大の目標であったはずの官学は依然動かず、当時博物館をやめられ官学から落脱していた後藤守一先生が加わられただけであった。大義名分によって走りまわった私は、クーデター主謀者の一人として、結局関西の友情をうしない、さてそのうちに、日本古代文化学会の借金その他雑誌発行の義務まで、杉原君と二人で負いこんでしまう結果になってしまった。そこでつくづく考えた、そしてそれが芽のでる転機となった。

月刊雑誌『古代文化』経営のため、私が出版書肆葦牙書房を経営しなければならなくなったのは昭和十六年七月、まず、私および学界の借金が六千円ぐらいあったろうか、杉原荘介、島田暁君の厚意によって動かしうる資金が千五百円也、店は机もなし、店員もない、家内・妹、友人たちがはなばなしくすわってかっこうだけはつけた。私の編集で故森本六爾先生の『日本農耕文化の起原』がでた。ついで直良信夫先生の『古代の漁猟』、後藤守一先生の『日本の文化』、といった按配に連続三点の新刊をだした。三カ月たつと驚いたことに、わが子のようにかわいがってだしてやった本たちは、約三分の二も、土足で踏んで荒縄でしばられて見るも無惨な姿になって帰ってきた。神田の家はそれらの本が台所と便所をのぞき、押しなべて二尺ぐらいにつまれ、私たちはその上に寝る有様となった。私は完全に気をくじかれてしまった。

私が顎をだしてからは、家内が切りまわしました。掌をかえすように仕事は順調に滑りだし、私の嘴を入れる余地はなくなった。いまもこの点は不思議に思っている。がしかし、そのために、はじめて私は腰をすえて本当に勉強できるようになった。昭和十七年、「古道雑聚」はこうした頃できた随筆である。古道雑聚という題で書き出し、雑誌『民族文化』へ連載したけれど、縄文文化期の四節だけで応召してしまった。それから、私たち迷子の兵隊は漢口からマニラ、ホロ、タラカン、バリックパパンと遁走《とんそう》ににた彷徨の旅をつづけ、私はそのなかで古道雑聚の続きを書きつづけてとうとう完成した。けれども、最後のバリックパパンではほんとうの戦闘に巻きこまれ、終戦とともにこの雨と汗でよごれきった原稿も焼き捨ててしまった。帰ってから、なんとか書きなおして本書にのせたいと願ったが、どうしても感興が湧かず、あきらめてしまった。題名だけ書きとめて戦争の日の思い出にしたい。洲を歩く人々、塩水から淡水へ、開墾の斧、手繰られた絲（弥生式文化期）、氏族放浪、大津宮南の大道、牧を追ふて（大和時代）、国分寺街道、四角な街路、屯田兵、一枚の和銅開宝（奈良時代）、山を拓く錫杖、鎌倉へ鎌倉へ、信玄の棒道、塩の道、鯉の道、（平安時代以降）、久遠の旅行者。

『古代文化』誌も日本古代文化学会も今後どうなるかわからない。いや私自身さえ今後これからどうなり行くやらわからない。けれども、私はいましばらく静かに憩いたいとおもう。

（昭二一・一〇・二三）

あとがき

『かもしかみち』の初版は、昭和二十一年十二月五日に発行になった。

あの頃にはめずらしく、センカ紙でなくて、上等のザラ紙だった。たしか一五〇〇部刷って、定価は十七円だった。

自分の書き捨てた雑文集を、自分でやっている店から出そうというのだから、おもはゆかったたし、そうとうな勇気がいった。踏みきれたのは、店の主力、覚さんと野ぐちゃんの強い支持と、いま一つは手持原稿の種ぎれからだった。

ところが、すごい反響がかえってきた。——かもしかみちを行こう——とか、——小沢半堂になりそうだ——というような言葉もはやり、四国や山形から、私にあいにきてくれた若い人もあった。

葦牙書房の手持は直ぐに売切れ、本屋さんの店頭では、十七円が、三十円に、三十五円に定価が直された。

にもかかわらず、葦牙書房はつぶれ、私はそれから、十数年も、古本屋、紙屑屋、本屋・文具店・宿屋と、下手の商法で、考古学のことも、勉強のことも忘れて、その穴を埋めるため空しい働きをし、やがて、かるい脳出血で、それにも終止符をうった。覚さんは、日本学生グライダーの教官になり、やがて滑空機界の実力者になった。野ぐちゃんは、美しい恋愛の最中に結核で死んだ。

このころのことは、拙者『旧石器の狩人』に、ややくわしく書いたが、病気によって我にかえり、たえて久しい日本考古学協会の総会に顔を出しに国学院大学へ行った。昭和三十六年春である。私はそこで、まだ生きている『かもしかみち』に逢った。私の序文にかいた、かもしかみちの言葉が、国大考古学研究会の新人収集のポスターのキャッチフレーズになって、まだ生きていたのである。脳天に水を浴びせられたように、身ぶるいがした。


それから、私は、学界へカムバックする、いろいろな努力をした。そして、空白だった戦争からの二十年を埋める勉強が、『銅鐸』になった。この本が毎日出版文化賞になったとき、『かもしかみち』が賞になるなら、喝采するが、『銅鐸』なら絶対反対だと、いく人かの友からいわれた。至極ごもっともかも知れない。その後、かいた『古道』も、『かもしかみち』の道の延長で、つまり、私の書くものは、ほとんど、この『かもしかみち』の延長だった。つまり、この本は私の原型だったわけである。

そういうことで、この本をといってくれる人がいよいよ多くなってきたが、何分ザラ紙の本で、ほとんど紙屑に煙滅してしまったらしく、名実ともに、人のいう、幻の名著となってしまった。

その後、いくつかの出版社で復刻のはなしもでたし、新聞に予告まででたが、それっきりはっきりしない。やっぱり、〝まぼろしの名著〟なんだなあと、自分でも思っていた。若い学友の中には、もう何冊あつめた今に何千円もするぞ、などという人もいる有様だった。

こんど、『かもしかみち以後』が、学生社の鶴岡正美さんの好意で出ることになった。その好意の上のせに、いま一つというわけで、待望久しい新版を出していただけることになった。それで、この初版の出たころの日記「春愁の暦」と、私の論文の中で、いまもなお、学界の論戦の中心にある縄文農耕論の火つけの役割をはたした論文「日本原始陸耕の諸問題」（『歴史評論』四・五　昭和二十四年）を加えた。古い用語・用文の訂正その他、整稿については、明治大学の戸沢充則講師、三村久美さん、校正は桐原健さん、そして、編集全般については、大津輝男さんのお骨折りをいただいた。いつもながら、友情を感謝している。

解説　永遠の「かもしかみち」

戸沢充則

「かもしかみち」が見えるか

――一九四五年（昭和二〇）八月、太平洋戦争終る。

その時、私（戸沢）は長野県立諏訪中学校の一年生。来年は陸軍幼年学校を受験するか、海軍兵学校をねらおうかと悩む軍国少年だった。

終戦の日のことはよく憶えてない。ただ数日後に生家が強制疎開で撤去され、そのため幼い（？）私は父の田舎に一時ひきとられることになっていた。しかし終戦のため中止になり、遠足に行く前のような期待がかなわなかったことを、えらく淋しく思ったというおぼろげな記憶がいまでもよみがえる。

夏休みが明けて学校がはじまった。大根めしやさつまいもの弁当など、飢餓の苦しみは忘れられないが、授業も学校生活もうわべはそれほど混乱というものはなかったような気がする。そんな中でただ一つ、あるいは私の生涯を決定づけたともいえるような出来事があった。

それは秋になって、国史の授業の中でのことである。授業の前に担任の教師から墨と筆を用意しておくようにとの指示があった。書道の時間でもないのに何だ何だと不思議に思って待っていると、やがて教壇に立った教師が、占領軍の命令で、教科書にある軍国主義的な文字は全部消すことになったのだという。そして日本歴史の第一頁の何行目から何行目まで、次に何行目の何々という文章を消せといった具合に、抹消すべき部分がつぎつぎに指示された。教師は時どき生徒の机の間をまわって、墨が淡くて活字がすけて見えているところや、墨からはみ出している活字の隅まで、ていねいに塗りつぶすように注意を与えた。それはあたかも危険な爆発物を命がけで片づけるような、一種の緊張感を覚えさせる作業だった。

こうして長い時間をかけて墨塗りを終えた日本歴史の教科書は、まさに真黒くろで、とくに天照大神をはじめとする神話で埋めつくされた最初の部分は、頁ごと切り捨てたらよいと思うほど、一字も残さず塗りつぶされてしまった。敗戦で歴史が変ったのだということを、幼い心ではじめて実感した出来事だったと、いまにして思う。

私たちの歴史の担任は、地域や教育会では著名な郷土史家の牛山秀樹という教師だった。以前から教科書などあまり使わず、独特の節廻しで、得意な郷土史を教室で弁ずることで、学校の名物教師だったが、教科書の墨塗り作業を終えた翌週の授業時間、「これから本物の歴史を探しに行くぞ」といって、生徒全員を校舎の裏山にひろがる畑に連れ出した。

畑に入ると牛山師はたちまち何かを拾いあげ、それをみんなに見せながら言った。

「こんな赤茶けたかわらけのようなものや、黒いガラスのような石のかけらがあったら、何でもいいからみんな拾い集めてこい」

四〇人ほどの生徒たちは「まるで地見屋だ!?」などとさわぎながら、一五分も経つともう手に持ちきれないほどの土器や石器を集めてきた。畑の真中で牛山師の独特な節廻しの説明がとうとうとして始まる。

「こりゃなあ、おめえたち、えれえ(非常にの意)大昔の先祖様が使った土器のかけらだ。考古学ちゅう学問の上でアイヌ式土器っていうだ……。そしてこっちは太陽の鼻糞《はなくそ》という黒曜石で作った矢尻だ。こりゃ大事なもんだ……」といった調子の野外講義がいつまでも続いた。私は自分で拾った大きな縄文土器片を手にして、それをじっとみつめつつ、全身をつき抜ける何ともいえない感情のたかまりをおさえながら、牛山師の話にひきつけられていった。そしてその日の放課後を待ちきれないように、また裏山の畑にとび出し、夕暮になるのを忘れて、土器や石器を拾い集めた。

ちょうどいまから五〇年前、『かもしかみち』を見る直前の、私と考古学の出会いの想い出である。

「かもしかみち」を行こう

――一九四六年（昭和二一）七月、藤森栄一、南方戦線より復員。故郷諏訪で病躯を憩う。同年一二月、『かもしかみち』初版、葦牙《あしかび》書房より出版。

いま私の手元には、一九四七年（昭和二二）七月一日発行の『かもしかみち』再版本がある。用紙は、いまではどこでも作らない、たとえ作ってもだれも使わないような粗質のザラ紙で、表紙にしても、同じザラ紙を二枚貼り合せて、ようやく体裁を整えたといった、見るからに貧相な本である。

もう半世紀の星霜を経て、全頁すっかり黄ばんでしまった、私の持つこの本の裏表紙に、「一九四七、七、二三」という日付と私の署名がある。その日は、私が『かもしかみち』と、その著者である藤森栄一先生に、はじめて出会った忘れ得ぬ日である。

藤森先生が店主をしていた古書店「あしかび書房」は、間口は二間の狭い店だった。うず高く積まれた本にかくれて机があり、その奥にベレー帽をかぶった店主が坐っていて、代金を受けとり、『かもしかみち』に粗末な包紙をかぶせて渡してくれた。

ほんとうはその時、私は先生に声をかけたかった。それ以上に先生から声をかけてもらいたかったのだと思う。しかし私の口からはついに一言も言葉は出せなかったし、先生も何も言わなかった。ただしばらくの間、じっと私の眼をみつめていたような気がする。渡された本を手にすると、私はぴょこんと軽く頭をさげて、とび出すように店を出た。

前の年の秋、学校の裏山の畑で、石器や土器に魅せられた私と二、三の友人は、その後ものにつかれたように、諏訪郡内の山野・畑を歩き廻った。永いこと考古学なんぞ全くかえりみられなかった時代が続いていたため、その頃はどこへ行っても拾い切れないほどの石器や土器が散乱していた。畑の隅の石塚をひっくり返せば、大きな石皿や石斧がごろごろと転がり出た。土器片などはきれいで珍しい文様のついたものだけ選んで採集したほどだった。

いつのまにか私たちの採集品は、狭い家の中に持ち帰って置くことのできないほどの量になりつつあった。家族からはきたないの、じゃまものなどといって白い眼でみられる。それ以上に、集めた本人たちが、こんなものを集めるだけでなんの意味があるのかわからなくなっていた。考古学ってなんだ、土器や石器からどのように歴史を読みとるのか、全く無知なときのことだったのである……。

買ったばかりの本を手にして店を出てから、通学の列車の中で、また家に帰ってから、私は『かもしかみち』をどのように読んだのか、はっきりした記憶はない。いまにして思うと本の内容そのものは、考古学の「コ」の字も学んだことのない、また戦争中にほとんど読書らしい読書もした習慣のなかった中学二年生の私には、かなり高度でむずかしかったはずである。

しかし、巻頭の短い序文として書かれた文章は、その頃、迷える羊のようになに一つ先が見えなかった幼い私の心を激しくゆさぶった。

かもしかみち

　私の考古学手帳から

深山の奥には

今も野獣たちの歩む人知れぬ路が

ある。ただひたすらに高きへ高き

へとそれは人々の知らぬけわしい

路である。私の考古学の仕事はち

ょうどそうしたかもしかみちにも

似ている。

　昭和二十一年十月二十三日

　　藤森栄一

自分の手のひらにのせた一片の縄文土器から伝えられた、あのしびれるような新鮮な感動を忘れまいと、夢中で山野や畑を歩きまわって、手当り次第に土器や石器を拾い続けてきたのは「ああそうなんだ、自分もかもしかみちを歩きはじめたのだ」と、自らにいい聞かせつつ、何度も何度も、この短い文章をくり返して読んだ。そして、本気で考古学という学問を学ぶんだと、燃えるような気持ちで心に誓ったのを覚えている。

この頃、私と同じように考古学に夢と可能性を求めた、多くの中学生や高校生が全国にいた。「戦後考古ボーイの第一世代」などと称して、現在でも学界の第一線で活躍している学者がいっぱいいるが、それらの多くの人々が、自分たちの世代の考古学の青春を語る一つの共通のキーワードとして、「かもしかみち」がある。

一九六七年、『かもしかみち』の新装版（学生社刊）が出た時、その「あとがき」の中で藤森先生は初版発行頃を回想して次のように書いている。

「『かもしかみち』の初版は、昭和二十一年十二月五日に発行になった。……自分の書き捨てた雑文集を、自分でやっている店から出そうというのだから、おもはゆかったし、そうとうな勇気がいった。……ところが、すごい反響がかえってきた。〝かもしかみちを行こう〟とか、〝小沢半堂になりそうだ〟というような言葉もはやり、四国や山形から、私にあいにきてくれた若い人もあった」

私は地元に住んでいたから、遠くから逢いに訪ねていく必要はなかったが、「かもしかみちを行こう」と決意してしばらくたってから、〝近くて遠いはるかな人〟であった藤森先生のもとで、本格的に考古学の道を進む機会を与えられた。私の人生の中で、一番幸せなことだったと信じている。

こうして私は高校生の三年間と卒業後の一年間、藤森先生と一緒に「諏訪考古学研究所」の看板を掲げ、先生のやる遺跡の発掘や論文の執筆を手伝い、その間に先生が経営する書店の店員なども経験し、夢多き実り豊かな青春を過した。『かもしかみち』に描かれた〝藤森栄一の世界〟が、だんだん鮮明な姿で見えるようになってきたのは、私の考古学の勉強が少しでも深くなるのと、歩みを同じくしているようだった。いや逆に「かもしかみち」を自分で歩むことによって、考古学の世界が広がってきたというのが本当だろう。

「かもしかみち」を辿る

——一九二九年（昭和四）三月、藤森栄一、諏訪中学校卒業。以後、家業のかたわら、諏訪郡内、長野県内の遺跡・遺物を調査し、報告・論文など精力的に書く。

——一九三二年（昭和七）六月、上京し、はじめて森本六爾氏と逢う。

——一九三六年（昭和一一）一月、森本氏の死を枕頭で送った後、大阪に出て、坪井良平・小林行雄氏等とともに、東京考古学会の事業に参画。この間、みち子夫人と結婚。
——一九三九年（昭和一四）三月、東京に転居。『考古学』『古代文化』の編集を担当。
——一九四二年（昭和一七）一二月、召集を受けて入隊。中国・フィリピン・ニューギニア・ボルネオなどを転戦。

『かもしかみち』の元の形（初刊本）の内容は、その「あとがき」ともいえる「病牀読校」を除けば、すべて戦前に書かれた。執筆年代は二三歳（一九三四年）から三一歳（一九四二年）までの間で、それはいうなれば藤森先生の文字通り青春の記録といってよい。

藤森先生は諏訪中学校在学中から、早くも考古学に対する異常ともいえる情熱と、すぐれた才能を示した。しかし地方では老舗《しにせ》といわれた文具・書店の長男として、店を継ぐ運命にあった。中学卒業と同時に家業に従事することになる。燃えるような考古学への憧れと、本屋の店員という日常生活の板ばさみの中で、藤森少年は日夜苦悩することになる。後に当時を回顧した藤森先生自身の言葉を借りれば、「ぐれた生活と私の考古学とはいつも別々に行儀よく並行し、相犯することはなかった」（「病牀読校」）という。

中学卒業後数年間のこの青春の苦悩こそ、「ただひたすらに高きへ高きへとそれは人々の知らぬけわしい路である」という、あの『かもしかみち』の冒頭の叫びを生み出す基盤になったものだと思う。

『考古学』への論文発表を契機として、藤森先生は森本六爾氏の人間と学問に強く傾倒していく。そして森本氏の死後、同じ東京考古学会の同人であった坪井良平・小林行雄・杉原荘介氏等を頼って、大阪にそして東京にと居を転々としながら、中央の学界活動に文字通り奔命《ほんめい》する。しかし中央の学界活動といっても、アカデミズムの権威や安定した地位を得た学者とは全く縁のない、在野の研究者として、ただひたむきに考古学に殉ずることだけが、藤森先生の夢をつなぐ〝かもしかみち〟だったのである。

「……ひどい懊悩《おうのう》のうちに自分から考古学の鬼と称して、家庭生活も、そのころまだ新妻だった家内をも犠牲にする有様で、大阪の会社員生活はこうしてしだいにゆきづまりつつあった」（「病牀読校」）と、藤森先生は戦前の大阪（そして東京）時代の生活を回顧している。

このように、『かもしかみち』の多くの文章は、藤森先生の前半生を彩どる、学問への激しい情熱と、生活のための苦しいたたかいの狭間《はざま》で書き続けられたものである。それゆえその中に描き出されたものは、ただ単に考古学上の事実やその個別の成果ではなく、人間と学問が一体となった哲学とロマンの世界であったといわなければならない。藤森先生が『かもしかみち』は私の原型だといい、戦後の混乱の中で第一世代の考古ボーイ達が「かもしかみちを行こう」と心の中に叫んで、一心に考古学の可能性を信じようとしたのは、まさにその哲学とロマンではなかったろうか。

たびたび引用した「病牀読校」（『かもしかみち』初刊本のあとがき）には、藤森先生自身の筆で、それぞれの作品が書かれた背景や、著者のその時の気持ちなどが、青春時代の回想もまじえて、実に見事な解説が加えられている。ここで改めて私の解説などは不要なことだと思いつつも、私なりに、藤森先生の『かもしかみち』の軌跡を辿ることにする。

「古道雑聚」（一九四一年）と「山と先住民とその子たち」（一九三四年）は、執筆年代が一〇年ほどもへだたっている作品であるが、藤森先生の最初の著書の表題となり、また藤森先生の学問と生き方の表徴ともなった「かもしかみち」という言葉が、その作品群の一つから選ばれたことからもわかるように、この本の導入部を構成するのに、まことにふさわしいエッセイである。藤森先生は少年時代から山歩きやスキーが得意で、自然を愛し、地形や地質、動物や植物を細かく観察した。この二編の作品にはそれがよく活かされている。なに気なく深山の奥に残された一筋のけもののみちを発見し、そこを歩いた獣やそれを追った人間を思い、さらに歴史を感じて、自分の生きていく道を考えるという感性は、おそらくエッセイという表現形式の真髄にせまる要素の一つであろう。しかしそれをよくなしうる才能というものは、そうざらに誰もが持てるものではない。そうした感性や才能が、高原の峠道でふと眼にとめた一片の土器に、それを背負って旅をした縄文人の姿を追憶する発想につながり、「人間の考古学」「人くさい考古学」といわれる、その後の藤森先生の学問につながるという点もみのがせない。

「九州廻記」（一九三六年）、「山口をおもう」（一九三七年）、「信州尖石行」（一九四〇年）、「遠賀川日記」（同年）の四編は、藤森先生が東京考古学会の一員として、大阪でそして東京で学会活動に参加していた頃の紀行文である。とくに読む人の心をとろけさせるような、郷愁と感傷の言葉に多く彩どられた「九州廻記」などは、前にも書いたように、戦後間もなく『かもしかみち』に接した、多感な青春を迎えていた戦後考古ボーイの中・高校生に、弥生土器を求めて一人九州を旅する藤森先生と自分たちを重ね合わせ、考古学の可能性とロマンを深く印象づける名篇であった。

「あの頃の考古学」（一九三八年、原題「弥生式土器聚成図録の生い立ち」）は、藤森先生が生涯を通じて、いちばん敬愛していた二人の考古学者、森本六爾氏と小林行雄氏が中心になって進めてきた、弥生時代文化研究にまつわる凄絶ともいうべき情熱と師弟愛（友情）を、藤森先生の二人に注ぐ温かい愛情をこめて書いたエッセイである。研究の途中で、夫の考古学のためにすべてを捧げてきたみつぎ夫人を失い、やがて自らも若い生命を病いのために絶つ森本氏の苦難の描写などは、鬼気迫るものがある。そしてその記録は先のいくつかの紀行文などとともに、戦前の日本考古学史の中で、最も生彩あふれた研究活動の記念碑をのこした、在野の学会、東京考古学会の生きた学史の一コマともいえる。

人間の一生にとって、人との出会いがいかに大切なものかを、藤森先生ほどよく知っていた人はないかもしれない。『かもしかみち』でも、それ以前の文章、また以後の著作の中でも、さまざまな人物が登場する。そうした人々は先生のこまやかな心づかいや思いやりのある筆致で、それぞれの境遇でひたすらに一生懸命な生きざまを読者にうったえてくる。

「小沢半堂のこと」（一九三五年）に書かれた小沢広太郎もその一人である。とくにあり余るほどの才能や学識を持ちながら、華やかな学問や社会の舞台にあがることもなく、いつしか忘れ去られていった人々へ注ぐ藤森先生の愛情は、この種の人物評伝を単なる評伝では終らせない、大きな人間愛の結晶として、多くの先生の作品に輝きを与えている。

「読書雑感抄」（一九三九年）にまとめられているいくつかの書評にも、ひたむきな仕事とそれをなしとげた著作者への、謙虚で温かい愛情が読みとれて、書評の枠をはずれたエッセイとなっている。

「脚のない古代史」（一九三七年）と「南薩摩の神々」（一九四二年）の二篇は、学問も思想も生活も、日本人からすべての自由がうばわれていた、あの敗戦前の暗黒の時代に、よく活字になって発表されたものだと、藤森先生自身が後に回想しているほど〝危険〟な文章である。当時の皇国史観一辺倒の古代史研究に対して、それは脚のない、つまり幽霊《ゆうれい》のような、架空のうそで固めた古代史であり、やがてそれは日本民族を亡ぼすことになると喝破したのだから、その勇気ある発言には驚かざるを得ない。そして戦後五〇年を迎えたいま、考古学を通して真実の古代史、日本歴史を知ることこそ、民族の将来を見通すことのできる基礎であるとする、五〇年前の藤森先生の叫びを、いま私たちが改めて共通の認識とすべきことだと考える。

「かもしかみちは続く」

――一九六四年（昭和三九）八月、『銅鐸』を学生社より出版。毎日出版文化賞を受賞。
――一九六七年（昭和四二）七月、『かもしかみち』新装版、『かもしかみち以後』あいついで学生社より出版。
――一九七一年（昭和四六）二月、『心の灯』筑摩書房より出版。サンケイ児童出版文化大賞を受賞。

南方の戦線（ボルネオ）から復員した藤森先生の肉体は、満身創痍《まんしんそうい》といおうか、全身病巣といういべきか、とにかく重いマラリア病で傷めつけられた内臓の欠陥は、後半生の藤森先生を病苦から解放することはなかった。

新装版の『かもしかみち』発行の時に加えられた「春愁の暦」は、復員直後のおそらく藤森先生にとっては、最も苦しい、人生の岐路に立たされた時のことを回想した日記である。そこには読んでいる読者が焦りをおぼえ、もどかしくなるような、藤森先生の深い愁《うれい》の心がにじみ出ている。戦後の考古学界は東京でまた京都で、いまや新しい時代の脚光を浴びて、それこそ全国で激しい動きを始めている。それなのに自分は病床から離れられない。それはまさに藤森先生にとって「人生で一番遅い春を待つ気持ち」だった。

しかしみち子夫人や幼い子供たちの温かい心とはげましが、つねに身近にあった。そしてすこし前に本になった『かもしかみち』の多くの読者から、「かもしかみちを行こう」という大きな反響が聞こえてきた。こうして「春愁の暦」をめくりきった時、藤森先生の新しい時代が始まったのである。「少年時代から一筋道を歩んだということは、好きな道であったというだけで特別の価値はない。しかしカムバックできたということ、これは私にとって最大の仕事だったと、本当にそう思います」という言葉は、自身で語ったその転機についての意義である。事実、その後しばらく時期を経て、『かもしかみち』を原型とする〝藤森考古学〟の成果が、信州の地を基盤として怒濤のように、堰を切って全国に流れ出すことになった。

毎日出版文化賞の栄誉に輝いた『銅鐸』から教えて、死を迎える一九七三年までの一〇年間に、藤森先生が出版した単行書は二九冊、最後の年にも実に五冊の本を出し、なお未完の原稿が数本机の上に残された。驚異的な創作意慾、執念の執筆力といわざるをえない。

しかもそれらは書斉に缶詰状態で書き流したわけではない。八ヶ岳山麓で縄文遺跡を掘り続けて、縄文農耕の実態を追及し、諏訪盆地で古式古墳の調査をして、諏訪古代史の核心に迫り、諏訪大社の考古学的検討を通して、古代史と考古学の結合をはかる等々、実地にもとづく独創的な研究を生みだすために、病身をいとわずフィールドには積極的に出た。それらに関する報告書や論文の数も厖大である。長野県内はもとより、九州などの遠い土地を含めて、研究旅行の数もきわめて多い。

それればかりでなく、晩年には長野県考古学会長をつとめて、学会活動を率先して指導し、霧ヶ峰のビーナスライン建設に伴う自然破壊をくい止める運動の中心になるなど、多忙で多面的な活動を展開した。

しかしこうした活発な執筆・研究・学会活動の陰には、日々肉体を蝕む病気とのたたかいがあった。藤森先生の略年譜に記されるだけでも、一九五三年、六二年、六七年、七〇年（二回）、七二年というように、高血圧による卒倒（街路上でのこともあった）が六回も記録されている。

「春愁の暦」を過ぎて、考古学の世界に復活した藤森先生の第二の生涯は、それ以前のあの『かもしかみち』の時代のけわしさにも倍する、それこそ生と死をかけたたたかいであったと、いまにして改めて想う。その中から生み出された数多くの著書やエッセイや論文は、読む人の心をとらえ、考古学を学問の世界の手段としてだけではなく、人間の歴史と人の生き方を知る、ロマンと哲学をもった、だれにでも身近な学問であることを強くうったえたのである。

藤森先生が考古学の世界へのカムバックを実感した、その最初の本格的な仕事が『銅鐸』の出版だった。本が完成するとすぐ私のところにも献本が届いた。その扉に自署してくれた次の言葉は、前半生の『かもしかみち』の精神と、その後の藤森先生の多くの著作、旺盛な各種の活動の根源にあるものを、短い言葉の中にすべてを言いあらわしているように思う。

遥けきかつての昔
人ありて
かの人は
ただひたすらに
生きたりき
栄一

より高きを求める「かもしかみち」

――一九七三年（昭和四八）一二月、藤森栄一、心臓発作のため死去。六二歳。
――一九九五年（平成七）七月、『かもしかみち』（解説付新装版）、学生社より出版。

藤森先生が息をひきとった後、長い間、主治医であり、また自然保護運動の同志で親友でもあった青木正博医博が、「マラリアで冒された藤森さんの身体は、それ以来、どこが悪いというのではなく、正常な内臓は一つもなかった。よく生きていたと思う」と話してくれた。

それでも、私が見た死顔はおだやかで、微笑をたたえているようにさえ見えた。人生をただひたすらに生き抜いて、「おれは今日まで生きてきて、ほんとによかったなあ」と、大声で叫んで、幸せにあの世に旅立たれた顔だったと感じた。

こうして藤森先生が世を去って、二〇年余になる。たまたま昨今、日本考古学界では一種の〝縄文ブーム〟がおこっている。各地で開発に伴う大規模発掘がおこなわれ、これまでの常識をこえる新発見が続出して、「縄文時代観の転換」「変わる縄文人像」などのキャッチフレーズが、マスコミのみならず学界でも声高に喧伝されている。

そうした常識を破るといわれる最近の発見の一つに、縄文農耕存在の可能性がとりあげられている。思えばこの問題は、一九四九年に藤森先生が発表した「日本原始陸耕の諸問題」（本書所収）が発端となって、以来今日まで、日本考古学における最も重要な論争の一つとなったテーマである。そればかりでなく、戦後は地域研究者に徹し、故郷である信州の八ヶ岳山麓の遺跡や遺物に密着して研究を続け、文字通り藤森先生の後半生をかけた学説としてまとめた業績こそ「縄文農耕論」であったのだ。

その間、縄文農耕論に対する学界の反応はおしなべて冷たかった。例えば、藤森先生の死の直前に行われたある座談会で、ある研究者は先生に向って直接、「縄文農耕などまだ十分な追及がなされていないとしかみえないのです。どうも（藤森さんたちは）本気でやっているようには思えないのですよ」と発言している。もちろん農耕の存在を確実にするためには、栽培植物の遺存体や耕地・農具などが明らかにされる必要がある。その点で実証主義の考古学者には不満があろうが、藤森先生の縄文農耕論では、そうした農耕の存在そのものもともかくとして、縄文時代が狩漁撈と採集を営む、貧しい原始的な時代であるという、常識的な縄文時代観がほんとうに正しいのだろうかという、歴史観にかかわる根源的な問いかけがあったことを見のがしてはならないと思う。

したがって縄文農耕論は、すでに半世紀前に縄文時代観の転換と見直しを迫る、重大な問題提起だったと評価すべきなのである。改めて縄文時代観の転換が叫ばれるいまの時点で、半世紀前の藤森先生の問題提起を、鋭い感性がなせるたんなる思いつきの先見性だというのは正しくない。それは「ただひたすらに高きへ高きへとそれは人々の知らぬけわしい路である」ことを知りつつたどりついた、「かもしかみち」の学問精神と哲学の一つの到達点であったと謙虚に見直すことこそいま必要である。それはブームとともに消え去るかもしれない「縄文時代観の転換」の意義を、かけ声だけで終らせることなく、真に日本歴史の中に意味のある、縄文時代観の確立の道をひらく、確かな方法論を教えてくれると信じて疑わない。

太平洋戦争敗戦後五〇年。その間の日本社会の歩みとともに、いま私たちは戦後の日本考古学史を総括する時期が来たように思う。その時に当って、再び『かもしかみち』が装を改めて世に出ることになったのは、私個人にとってばかりでなく、いま研究や発掘現場の第一線で活躍する多くの若い研究者、それよりもいま爆発的に数を増やしつつある考古学を愛する市民、さらにこれから考古学を学ぶ後の世代の人々にとって、たいへん意義のあることだと考える。
日本考古学の直面している現状（危機）を、いまここでとやかく言うつもりはない。しかし幼い心の中に「かもしかみちを行こう」と決めてから過去半世紀、まがりなりにも考古学の道を歩みつづけてきた私からみれば、どんな大きな新しい発見をしても、そのことにロマンや哲学、いや、まずもっと率直に強い感動を持てないような考古学は、ほんとうの考古学、少くとも人間の学問とはいえない。ブームのかげで夢も感動も与えられないまま消えていく、遥けき人の生命の証《あかし》がいかに多いことか。それが日本考古学の悲しい現状であろう。

解題ともいえない、自分の思いを多く綴った長い文章を書いてしまった。実は藤森先生が亡くなった後すぐ、全一五巻からなる『藤森栄一全集』（学生社刊）が企画され、その時にも私が、第一巻『かもしかみち』（『かもしかみち』『かもしかみち以後』併載、一九七八年刊）の解説を書いた。それからもう二〇年近くもたつが、その解説の最後のところに、「……いいんだよ。ゆっくり休んでいこう。どんな廻り道だって、人生に無駄だったなんてことは一つもないんだ。一度ともした灯を消しさえしなければね。」（『かもしかみち以後』の「あとがき」より）という言葉を引用しながら、私はいままでもそうであったように、藤森先生のその温かさに甘えて、苦しい時も楽しい時も、『かもしかみち』の世界にわれわれを忘れて没入したいと書いて、その解説文を結んだ。

いま、奇しくもこの年で、私は藤森栄一先生の生涯を、歳の数で一つ越えることになる。もう休んではいられない。これまで、私の生きる道を導いてくれた『かもしかみち』を、そして藤森栄一先生の学問する心を、一日も早く、若い考古学の世代にひきつがなければならないからだ。

（一九九五・一・八）

［著者略歴］
藤森栄一（ふじもり えいいち）
明治 44（1911）年、長野県諏訪市に生まれる。
昭和 4（1929）年諏訪中学（現、諏訪清陵高校）卒業。諏訪考古学研究所長、長野県考古学会会長として活躍。
昭和 48（1973）年 12 月逝去。
主な論著書に、『銅鐸』（毎日出版文化賞受賞）『旧石器の狩人』『石器と土器の話』『縄文農耕』『縄文の八ヶ岳』『峠と路』『信州教育の墓標』（以上学生社）『井戸尻遺跡』『縄文式土器』（以上中央公論美術出版）『心の灯』（ちくま少年図書館）、『藤森栄一全集』（全 15 巻、学生社）など多数がある。

［解説者略歴］
戸沢充則（とざわ みつのり）
昭和 7（1932）年、長野県岡谷市に生まれる。昭和 31（1956）年明治大学文学部卒業、同大学教授・学長などを歴任して同大学名誉教授。藤森栄一のもとで考古学を志す。長野県矢出川遺跡、埼玉県砂川遺跡など多くの遺跡を調査。
平成 24（2012）年 4 月逝去。
主な著書に『縄文時代史研究序説』（名著出版）『考古学のこころ』（新泉社）など多数がある。

本書は 1967 年に学生社が発行した『かもしかみち』及び 1995 年刊行の同書の解説付新装版を底本とした復刻版です。

2022 年 6 月 25 日　初版発行　《検印省略》

学生社考古学精選
かもしかみち

著　者　藤森栄一
解　説　戸沢充則
発行者　宮田哲男
発行所　株式会社 雄山閣
〒 102-0071　東京都千代田区富士見 2-6-9
TEL　03-3262-3231 / FAX　03-3262-6938
URL　http: //www.yuzankaku.co.jp
e-mail　info@yuzankaku.co.jp
振　替：00130-5-1685
印刷・製本　株式会社ティーケー出版印刷

ISBN978-4-639-02843-7 C0021
N.D.C.210　296p　19cm